COLLECTION MICHEL LÉVY

ŒUVRES COMPLÈTES

D'ALEXANDRE DUMAS

ITALIENS

ET

FLAMANDS

PAR

ALEXANDRE DUMAS

DEUXIÈME SÉRIE

PARIS

MICHEL LÉVY FRÈRES, LIBRAIRES ÉDITEURS

RUE VIVIENNE, 2 BIS ET BOULEVARD DES ITALIENS, 15,

A la Librairie Nouvelle.

1862

ITALIENS

ET

FLAMANDS

QUINTIN METZYS

Il y avait, en 1470, à Anvers, un maréchal renommé, qui faisait travailler un grand nombre d'ouvriers laborieux et infatigables, et, chaque jour, la forge résonnait de son bruit cadencé et s'éclairait de cette teinte rougeâtre qui donne aux êtres et aux objets qu'elle anime un caractère si fantastique. Or, parmi ces ouvriers, il s'en trouvait un qui ne paraissait pas avoir été créé pour les durs travaux, et dont les mains faibles ne semblaient pas devoir tenir un marteau. C'était une nature à part, un exemple frappant de la force de la volonté et de la frêle délicatesse du corps ; car, chez ce jeune homme, qui n'était autre que Quintin Metzys, c'était la force morale qui soutenait la faiblesse physique, et, quoique, tout en exerçant ce métier, il sentît qu'il était plutôt fait pour un art, il y avait en lui un tel sentiment de patience, qu'il se résignait, et une telle force d'émulation, que, même dans un métier, il ne voulait être dépassé par personne. Aussi était-ce le meilleur ouvrier du maréchal, et, tout bizarre que semblait son caractère, le maréchal l'aimait. En effet, Quintin Metzys, avec cette révélation intérieure qu'il pouvait faire autre chose que de frapper une enclume et de ferrer des chevaux, ne suivait pas les habitudes de ses compagnons de forge ; non pas qu'il les méprisât, mais parce que cela le fatiguait, et qu'une fois la tâche finie, il aimait mieux rêver seul que d'aller boire avec eux.

Un soir, donc, que tous les ouvriers du maréchal s'en allaient à un cabaret voisin, ils demandèrent à Quintin Metzys s'il les accompagnerait : celui-ci refusa, mais comme on refuse à des amis.

— Qu'a-t-il donc? dit un des ouvriers à son camarade, quand le jeune homme se fut éloigné.

— Il est amoureux, répondit l'autre.

— Eh bien, qu'est-ce que cela fait?... Cela n'empêche pas de boire, au contraire.

— Oui, mais il est triste ; et ça l'empêche de boire, ça.

— C'est qu'il a pris l'amour à l'envers, reprit le

questionneur ; car, moi, je suis amoureux et je suis gai.

— Oui, mais tu n'es pas amoureux d'une fille trop riche et trop belle pour toi ; et c'est ce qui arrive à ce pauvre garçon, qui est fou de la fille d'un homme qui ne veut la donner qu'à un peintre ; et, comme ce n'est pas avec un marteau et une enclume qu'on fait des tableaux, il en résulte que le pauvre diable est triste, et qu'à moins que le père ne change un jour d'avis, ce qui n'est guère probable, Quintin Metzys risque fort de ne jamais épouser sa belle.

Et, là-dessus, ils se remirent à boire sans plus s'occuper de la tristesse de leur compagnon de travail.

Quant à Metzys, il avait, comme nous l'avons dit, quitté ses camarades et les avait laissés au cabaret, et, le front baissé et sans regarder devant lui, il avait suivi un chemin bien connu, où le guidait son cœur à défaut de ses yeux. Puis tout à coup il s'arrêta, comme un rêveur devant la réalité, à une porte qu'il n'avait aucun droit d'ouvrir alors : il se cacha dans l'ombre, et, les yeux fixés sur une des fenêtres de la maison, il attendit ce que, chaque soir, il attendait et ce qui lui donnait, chaque soir, assez de force pour le travail du lendemain.

Puis, quand il eut vu s'ouvrir cette fenêtre, quand un signe eut répondu à son regard comme dans une vision céleste, et quand, après ce seul bonheur tant attendu, la fenêtre se fut refermée, Metzys reprit son chemin, un peu moins abattu qu'en venant, se disant, comme il se disait tous les soirs :

— Elle m'aime !

Et il fallait que, sur ces deux mots, il bâtit tout un avenir. Parfois l'espoir lui venait, et, quand il sortait d'une église où il avait prié Dieu, et qu'en regardant les chefs-d'œuvre de l'époque il pensait qu'il lui en fallait faire autant pour réussir, tout son espoir s'évanouissait et il se retrouvait face à face avec ce mot : impossible !

Il rentra donc, comme chaque soir, après ce court bonheur, et retrouva cette autre moitié de son âme qui priait sans cesse pour lui, sa mère, et l'embrassa pieusement en lui disant :

— Bonjour, ma mère.

— Comment vas-tu ce soir, Quintin?

— Bien, ma mère, merci.

Il l'embrassa de nouveau sans voir les deux larmes qui tombaient des yeux de la vieille femme, et rentra dans sa chambre, seul avec ses vues.

De là les heures d'insomnie et de fièvre où l'ouvrier rêvait l'artiste, où l'humble forgeron rêvait la gloire, où le pauvre amant rêvait l'amour, heures qui lui prenaient la moitié de sa nuit pour le laisser encore plus triste et plus impuissant que jamais.

Il est de ces douleurs de l'âme qu'on peut assez comprimer pour qu'elles échappent aux yeux des étrangers, mais qu'on ne peut cacher à l'amour de sa mère : ainsi, tous les matins, à l'heure où Metzys se rendait à la forge, sa mère comptait, sur le visage pâle de son enfant, les heures sans sommeil de la nuit ; la pauvre femme, sans qu'aucun aveu lui eût été fait, avait compris que son amour ne suffisait plus pour faire vivre son fils, et, sans oser le questionner, elle attendait qu'il fût parti pour pleurer tout à son aise.

Cependant, un matin, il était tellement abattu, il était si affreusement pâle, que sa mère ne voulut pas le laisser sortir ; que, le soir, à l'heure où il devait se diriger vers cette rue où était tout son bonheur, sa faiblesse était si grande, qu'il ne put quitter son lit.

C'est qu'à la fin le désespoir et le découragement avaient été plus forts que cette volonté qu'il leur opposait, et qu'aux nuits courtes du sommeil avaient succédé les insomnies entières ; c'est qu'il avait une de ces maladies auxquelles on a donné différents noms, mais qui sont toujours les mêmes, qui creusent les joues, qui ternissent les yeux, qui rongent le cœur.

C'est dans ces moments-là, quand on voit tout espoir s'enfuir, qu'on se tourne vers les consolations que Dieu nous laisse ; et Quintin Metzys, ne pouvant plus aller, le soir, puiser son bonheur dans la vue de sa maîtresse, se rejeta entièrement dans l'amour de sa mère.

Il lui conta tout; et la pauvre femme, qui ne pouvait rien, qu'offrir sa vie en échange de celle de son fils, comprit tout de suite qu'à moins que Dieu ne fît un miracle, ce fils allait mourir.

Un de ses compagnons de forge, qui venait souvent le voir, arriva, un jour, chez lui au moment où passait la procession instituée pour les malades; il tenait à la main une de ces images gravées en bois que la confrérie distribuait.

— Eh bien, Metzys, comment vas-tu? lui dit le forgeron en entrant.

— Toujours de même, mon pauvre ami.

— Je t'apporte une image de la confrérie.

— Pourquoi faire? dit le malade.

— Pour te guérir. La procession a eu lieu. On en a distribué; et, comme je sais les cures merveilleuses qu'elles font, je t'en apporte une.

— Mais il y a des maladies qu'elles ne guérissent pas, reprit Metzys, et j'ai une de ces maladies-là.

— Pourquoi te décourager? C'est ce découragem̀ qui te fait mal. Distrais-toi, et tu guériras. Quand elle ne servirait qu'à te distraire, c'est toujours quelque chose. Prends-la et amuse-toi à dessiner ces bonnes figures de saints-là; cela te fera passer le temps, et c'est quelque chose quand on est malade.

Et le forgeron sortit après lui avoir serré la main

et en laissant, sur son lit, l'image miraculeuse.

Lorsque Metzys fut seul, il retomba dans ses rêveries, sans paraître se souvenir des paroles de son ami. Sa mère se tenait auprès de lui, comme son ange gardien, priant toujours; puis, comme elle vit qu'il commençait à s'endormir et que les heures de sommeil étaient rares pour son fils, elle quitta sa chambre.

A son réveil, Metzys retrouva l'image où le forgeron l'avait laissée et la prit machinalement d'abord, en disant :

— Ce n'est pas encore cela qui pourra me sauver !

Et cependant il ne la regardait plus avec indifférence, mais avec recueillement. Sans doute, il lui adressa une prière intérieure; sans doute, il lui parla de celle dont l'amour aurait fait sa vie et dont la perte allait causer sa mort; mais, quelle qu'eût été la prière de Metzys, à la vue de cette image, ses yeux se voilèrent de larmes, et, à travers ces larmes, il lui sembla voir ces naïves figures de saints lui sourire, il lui sembla avoir entendu ce mot : « Espère! » qu'on écoute toujours et qu'on est toujours prêt à entendre quand on souffre. Enfin ses pleurs cessèrent; il regarda plus attentivement la pieuse image; il se leva de son lit sans la quitter des yeux; il se dirigea vers une table, s'y assit, et se mit à copier les bienheureux saints, dont les figures lui souriaient encore. Il semblait plutôt un homme endormi, obéissant à un pouvoir magnétique, qu'un homme éveillé suivant sa volonté, tant ses yeux étaient fixes, tant sa respiration était faible. Cependant, par moments, son visage souriait; c'est que la copie commençait à prendre forme aussi, dans les mêmes sentiments et dans la même expression que l'original; c'est que les saints commençaient à l'encourager; c'est que la cure miraculeuse prédite par le forgeron se faisait; c'est qu'enfin Metzys entrevoyait presque distinctement le but qu'il n'avait pu que rêver. Au bout d'une demi-heure, il s'arrêta, la sueur sur le front, comme un homme qui sort d'un mauvais rêve. Il regarda.

La ressemblance était parfaite, c'était à devenir fou.

La vieille et pauvre femme, penchée sur son fils, avait suivi toutes ses angoisses, avait compris tous ses rêves, et, sans doute, tout le temps que son fils avait travaillé, elle avait prié, elle. Toujours est-il que, quand la chose fut terminée, quant Metzys se leva, il trouva le regard de sa mère humide de ces pleurs que fait venir la joie; et, comme le cœur d'un fils et d'une mère se comprennent sans le secours de la bouche et par la voix secrète de l'âme, ils se jetèrent dans les bras l'un de l'autre.

En ce moment, le visiteur de la veille entra. Metzys alla à lui, et l'embrassa de façon à l'étouffer.

— Tu m'as sauvé la vie! lui dit-il.

— Comment ?

— Avec ton image ! dit Metzys s'apprêtant à sortir.

— Je le savais bien, moi ; et tu reviens à la forge ?

— Je ne suis plus forgeron.

— Eh bien, qu'est-ce que tu es alors ?

— Je suis peintre.

— Peintre, toi ?

— Moi.

— Ah çà ! la maladie a changé ; tu es fou. Il est fou, votre fils, dit le forgeron à la mère de Metzys, celui-ci étant déjà parti.

— Dieu est grand et bon, dit la vieille mère, et Dieu a pitié de lui, voilà tout.

— Nous verrons bien. Je vais l'attendre, reprit le forgeron.

Et il s'assit à la même table où venait de travailler Metzys. Alors il aperçut l'original et la copie ; il resta stupéfait : le miracle était évident et palpable et dépassait toute son imagination. Il attendait donc avec impatience le retour de son ami, ne comprenant pas son brusque départ et curieux d'en apprendre la cause et les suites.

Une demi-heure après, Metzys arriva.

— D'où viens-tu ? lui demanda le forgeron.

— De chez mon beau-père.

— Tu es donc marié ?

1.

— Non ; mais je le serai bientôt.

Le forgeron revint à sa première idée, que son ami était fou. Cependant il voulut en avoir la conviction avant de s'en aller, et il lui demanda qui il allait épouser.

— Une femme jeune, belle et riche, qu'un peintre seul pouvait épouser, et je viens de me présenter.

— Mais, avant que tu sois de force à faire un tableau, il se passera bien du temps, et ta femme s'ennuiera peut-être d'être veuve d'un mari à venir.

— Elle attendra.

— Comment as-tu fait ?

— Je suis allé, comme je te le disais, chez le père ; je lui ai demandé la main de sa fille, qu'il m'a refusée.

— Naturellement.

— Il m'a dit l'avoir promise à un peintre, et que, s'il la donnait à un autre, il faudrait que celui-là eût plus de talent que le fiancé. Et, comme, lorsqu'il m'a demandé ce que j'avais fait jusqu'à présent, je lui ai répondu que j'avais battu le fer, il m'a ri au nez.

— Et alors ?

— Alors, je lui ai dit simplement : « Attendez six mois, et, si dans six mois je ne vous apporte pas un meilleur tableau que votre fiancé, vous lui donnerez votre fille. » Il a continué de rire et m'en a défié. J'ai accepté le défi et lui aussi, et je vais me mettre à l'œuvre.

— Tu as raison, mon garçon ; il faut battre le fer tandis qu'il est chaud ! dit le forgeron qui puisait ses conseils dans son état.

— Et maintenant, merci, mon franc ami, car c'est à toi que je dois tout cela ; donc, à six mois la noce.

Et les deux hommes se séparèrent, l'un pour aller annoncer la nouvelle à la forge, l'autre pour entreprendre sa grande tâche.

Alors commença une lutte obstinée de l'artiste contre l'artisan, lutte qui dut amener bien des découragements à mesure qu'elle grandissait. Bien souvent le pauvre apprenti peintre dut retomber, épuisé de fatigue et de désespoir, en voyant le peu qu'il avait fait et ce qui lui restait à faire. Certes, il ne s'était pas trompé sur la révélation miraculeuse de l'image ; mais encore fallait-il passer, pour arriver à son but, par les études et le travail nécessaires, et, s'il n'avait eu cette pensée éternelle d'amour qui ne pouvait se réaliser que par la gloire, il eût abandonné son projet comme impossible.

Le temps passait, cependant, et Metzys avait disparu dans l'accomplissement de son œuvre, reparaissant de temps en temps pour reprendre haleine, et s'enfonçant de nouveau dans sa fièvre de gloire. Enfin il reparut tout à fait, pâli par sa victoire, comme un autre le serait par une défaite, mais le regard fier et rayonnant, plein de **sa** conviction, de sa force, mais sans orgueil.

Depuis six mois, le miracle promis avait eu lieu : les saints avaient tenu parole : aussi alla-t-il frapper violemment à la porte où tant de fois il avait rêvé sans espoir.

— Ah ! c'est vous, Metzys ? lui dit son futur beau-père en le voyant entrer ; vos six mois sont écoulés, et vous venez vous avouer vaincu.

— Non pas, maître, lui répondit l'artiste ; j'ai encore quinze jours devant moi ; mais, avec votre permission, je prendrai l'avance.

— Au moins il n'y a pas de fatuité, reprit le père.

— Non ; mais il y a le désir bien naturel, ayant tout fait pour le gagner, de recevoir le prix du pari, maître, puisque vous avez perdu.

— J'ai perdu ?

— Oh ! mon Dieu, oui ! et, si vous étiez assez bon pour vous déranger une fois, — ce que je n'aurais pas souffert si j'avais pu apporter la preuve, mais elle est trop grande ; — si vous voulez, dis-je, venir avec moi, vous me donnerez votre avis sur certain tableau que je compte offrir à l'église qui me mariera.

Les deux hommes sortirent.

Huit jours après, Quintin Metzys était marié, à la grande admiration des forgerons d'Anvers, devant le tableau qui représente, au fond, l'inhumation du Christ, sur le volet de droite la tête de saint Jean-Baptiste servie à la table d'Hérode, et sur le volet de gauche saint Jean dans l'huile bouillante. C'est un des tableaux à volets que l'on trouve en entrant dans la chapelle Sixtine de l'église Notre-Dame d'Anvers, et c'est un des plus beaux Metzys.

Dans la même église, et près de la première œuvre du peintre, se trouve le dernier ouvrage du forgeron ; c'est un puits dont les ornements ont été, non pas travaillés à la lime, mais battus au marteau.

Comme on le pense bien, l'originalité de son mariage, sa première profession, et par-dessus tout son talent incontestable, acquirent à Metzys une grande réputation. Le public est toujours heureux, en achetant ou en admirant seulement les œuvres d'un homme, de trouver dans cet homme quelque événement original, quelque aventure extraordinaire qui le poétise encore. Les Anglais ont au plus haut point ce caractère particulier du public. Aussi Metzys était-il devenu comme un pèlerinage pour l'Angleterre, et sans cesse ses tableaux passaient aux mains des Anglais qui venaient prendre à Anvers leurs denrées artistiques ; si bien que maintenant, à part deux ou trois œuvres, on ne peut guère dire ce que sont devenues les productions du forgeron peintre.

Cependant on retrouve encore de lui, outre le tableau devant lequel eut lieu son mariage, un portrait de sa femme, œuvre de reconnaissance et d'amour, et son portrait à lui, qui font tous deux partie de la galerie de Florence ; puis deux époques de la vie du Christ, *la Vierge et l'Enfant Jésus* et *le Christ et sa Mère*, admirables tous deux de sainteté et de poésie.

Ses autres tableaux furent tellement dispersés, qu'il serait impossible de les nommer.

Voilà donc la vie du forgeron Metzys, telle que la résume ce vers latin écrit sur son tombeau :

Connubialis amor de mulcibre fecit Apellem.

Quintin Metzys est mort, en 1529, à Anvers, âgé de soixante-et-dix-neuf ans.

Il fut d'abord enterré dans l'église des Chartreux de Kie, puis ensuite transféré au pied de la tour de la cathédrale, où est maintenant son tombeau avec cette épitaphe :

QUINTINO METZIS
INCOMPARABILIS ARTIS PICTORIÆ ADMIRATRIX
GRATAQUE POSTERITAS,
ANNO, POST OBITUM SECULARE
CIɔ. Iɔ. C. XXIX
POSUIT.

ANDRÉ DE MANTEGNA

L'école de Padoue, fondée par Giotto, avait encore gardé pure et intacte cette couleur chrétienne et divine que lui avait donnée son fondateur, lorsque Squarcione parut au xvᵉ siècle et lui fit changer la route qu'elle avait suivie jusqu'alors.

La transition fut aussi rapide qu'inattendue, et à l'étude du goût chrétien succéda immédiatement l'enthousiasme du paganisme. Squarcione avait rapporté de ses voyage en Grèce une foule de statues et de bas-reliefs d'une forme si nouvelle, qu'on crut à une révélation. Le peintre voyageur étala ces merveilles de l'art païen, un monde de statues antiques, de héros, de dieux, de déesses, de quoi repeupler tout un Olympe à côté du nouveau ciel. On fut ébloui, et ses élèves se mirent à l'œuvre pour faire revivre cette peinture oubliée et presque perdue.

Parmi les plus grands admirateurs de cette école nouvelle se trouvait André de Mantegna, né à Padoue en 1430 et élève de Squarcione. Quand, à dix-sept ans, il fit son premier tableau, qu'il plaça dans l'église de Sainte-Sophie avec cette inscription : *Andreas Mantinea, Patavinus, annos* VII *et* X *natus, suâ manu pinxit,* 1448, le maître en fut tellement émerveillé, qu'il voua à son élève cette affection qui plus tard lui fit adopter André comme son fils. Le jeune homme continua donc à étudier l'antique, mais ne s'arrêta pas, comme les élèves médiocres et les enthousiastes superficiels, à la forme des modèles ; il en creusa la pensée intérieure et s'identifia tellement avec elle, qu'il se fit, pour ainsi dire, le contemporain de ceux qu'il copiait, tant la ressemblance était exacte, tant l'imitation était frappante.

Mais cette étude assidue et continuelle de l'antique l'amena tout naturellement à prendre les défauts de ceux qu'il étudiait, et ses figures, dessinées sur des statues et des reliefs, prirent un caractère roide et froid qu'excuse le marbre, mais que ne supporte pas la toile. Tout dans ses compositions était pur et régulier, depuis les lignes du visage jusqu'aux plis des draperies ; mais tout cela semblait ne cacher que des cadavres, et il n'y avait ni passions vivantes sous les figures, ni corps animés sous les tuniques.

Cependant il y avait à Venise un peintre, Jacopo Bel-

lini, qui se mit à critiquer les lignes froides et régu-
lières de Squarcione et dont la conviction ébranla quelque peu l'enthousiasme d'André pour son maître. Ce
qui acheva la conversion de l'élève, ce fut la fille de
Bellini, à qui son père ne devait sans doute donner
pour époux qu'un homme qui partageât ses principes
et fût le soutien de son école. Or, il se trouva qu'André devint amoureux de la jeune fille, et, soit qu'en
effet il trouvât l'art de Bellini plus vrai, soit que la
cause du peintre vénitien fût mieux plaidée par la bouche de sa fiancée que l'étude de l'antique ne l'était par
son premier maître, toujours est-il qu'André épousa
la jeune fille et déserta, en l'épousant, l'atelier et les
convictions de Squarcione.

Cette défection, qui a deux excuses après tout, une
conviction et un amour, fit du jeune homme le beau-
frère et le condisciple de Jean Bellin, qui agrandissait
déjà la voie que lui avait tracée son père et qui la pré-
parait pour Giorgione, Véronèse et Titien.

André changea donc sa manière, assouplit ses lignes,
vivifia son expression, sans se défaire tout à fait cependant de ses premières habitudes et de son goût pour
l'imitation de l'antique. Ce fut sous ces nouvelles impressions qu'il fit *le Martyre de saint Jacques*, si amèrement critiqué par Squarcione, qui blâmait justement
dans ce tableau ce qu'il admirait tant autrefois chez

son élève, la froideur des visages et la roideur des
lignes. Si partial que fût ce jugement, André en profita et se mit à dessiner d'après nature pour arriver à
corriger tout à fait ce qui lui restait de son ancien maître, devenu le critique de sa propre école, et il fit
l'*Histoire de saint* où *Christophe*, le progrès est visible
et réel. A ce tableau succéda celui de *l'Apôtre saint
Marc écrivant l'Évangile*, qu'il fit pour l'église de
Sainte-Justine, et où, cette fois, la tête de l'apôtre
rayonnait du double caractère du philosophe et de l'inspiré. Du reste, ce que Squarcione avait fait par les
critiques, les Bellini le complétaient par leurs conseils.
André demeurait à Venise avec eux, et, dans quelques-
uns de ses tableaux, les paysages, par leur coloris et
leur composition, rappellent évidemment l'influence
de l'école vénitienne.

En ce temps-là, Jean-François II, marquis de Gonzague, était seigneur de Milan. C'était un prince ami
des lettres et des arts que Gonzague, ainsi que sa femme
Isabelle d'Este, fille d'Hercule, duc de Ferrare, et sœur
de Béatrix, qui épousa Louis Sforza, dit le More. En
même temps qu'il se livrait à la carrière des armes et
soutenait son petit royaume avec une armée qu'il conduisait à la solde de princes plus puissants et plus
riches que lui, le marquis, prince par succession, poëte
par passe-temps, faisait venir à sa cour tous les hommes

distingués du xvᵉ siècle, et Isabelle élevait le plus beau cabinet de statues antiques et de médailles de toute l'Italie. Gonzague n'eut garde d'oublier André de Mantegna, qu'il fit venir et à qui il donna une maison dans la ville, une ferme près de Milan, et qu'il créa chevalier en échange des embellissements que le peintre avait faits à son palais de Saint-Sébastien et de la suite de tableaux qu'il lui laissait, représentant *le Triomphe de César*, que Vasari regarde comme le chef-d'œuvre d'André.

Ces tableaux ont été gravés par le peintre lui-même, avec quelques changements du reste, et gravés depuis encore sur cuivre, par Van Oudenaerd, d'après une gravure sur bois exécutée en manière de clair-obscur par André de Mantegna.

Cette faveur de Gonzague n'avait pas peu contribué à augmenter la réputation d'André de Mantegna en Italie, et le pape Innocent VIII le fit demander au marquis.

En effet, en 1484, était mort Sixte IV, le pape débauché, un an après Louis XI, le roi-bourreau, et, si la France gagna à la mort de son roi, Rome ne gagna guère à la mort de son pape. Innocent VIII arriva au trône pontifical escorté de ses bâtards, qu'il logeait dans le palais de Saint-Pierre ; l'un épousa la fille de Laurent de Médicis, et les autres s'enrichirent avec les fonds des croisades turques. Le bruit courait qu'Innocent VIII avait été marié, ce qui ne changeait en rien la position des enfants ; car, s'ils étaient légitimes par le mariage, ils redevenaient bâtards par l'élection de leur père à la papauté.

Du reste, tout avare et tout débauché qu'il était, il se trouva effacé, pour ces deux vices et pour bien d'autres, par Paul II, qui le précède, et par Alexandre Borgia, qui va le suivre.

Cependant, s'il n'eut pas pour Dieu le respect du pape, il eut pour ses églises le goût de l'artiste ; il en fit restaurer quelques-unes, et, comme nous l'avons dit, fit venir André de Mantegna à Rome pour lui confier les travaux du Belvédère.

Le peintre se mit à l'œuvre et peignit au Vatican une chapelle, en partie détruite aujourd'hui, dans laquelle domine encore l'imitation de l'antique, mais où l'on voit cependant les progrès qu'il dut aux chefs-d'œuvre qu'il étudia dans la ville sainte. A compter de ce moment, sa manière va s'améliorant toujours. Ses fresques sont faites avec le fini de la miniature, avec une grande science du dessin et surtout avec une finesse de pinceau incroyable.

Le pape, comme nous l'avons dit, péchait fort par l'avarice, et il eût été assez aise d'enrichir le Vatican d'une chapelle qui ne lui eût rien coûté et dont Dieu seul, au jour des récompenses éternelles, eût tenu

compte au peintre. Malheureusement, en attendant
cette seconde vie que lui promettait le descendant de
saint Pierre, André de Mantegna n'était pas fâché de
rendre celle dont il jouissait le plus longue et le plus
agréable possible. Il travaillait donc toujours, semant
les plafonds et les murailles de miniatures à faire
envie à une fée, espérant qu'il viendrait un jour où
Sa Sainteté Innocent VIII penserait que l'artiste, pour
continuer de pareils travaux, devait avoir besoin d'argent, et se souviendrait qu'elle ne lui en avait pas encore donné. Aussi, chaque fois qu'il voyait entrer le
visiteur pontifical, l'espérance lui revenait au cœur ;
mais le saint-père quittait la chapelle sans laisser autre
chose que des éloges qui, comme vanité, devaient satisfaire André, mais qui, quoiqu'ils vinssent du représentant de Dieu, ne pouvaient, dans aucune circon-
stance, remplacer la monnaie frappée à l'effigie d'un
roi temporel.

André était discret et ne savait quel moyen imaginer
pour demander au pape l'argent dont il avait besoin,
lorsqu'un jour qu'il peignait des figures représentant
les Vertus, il lui vint à l'idée de mettre, parmi les plus
éminentes, la Discrétion, persuadé qu'Innocent VIII,
avec sa double vue d'apôtre, devinerait le sens de cette
allégorie pécuniaire.

En effet, quand Sa Sainteté entra pour voir si le

peintre avançait, cette nouvelle figure fut la première qui le frappa.

— Quelle est cette nouvelle Vertu ? dit-il à André.

— La Discrétion, reprit l'artiste avec un son de voix qui semblait exclure toute intention.

— Eh bien, remarqua Innocent VIII, il faut la mettre à côté de la Prudence.

Et il continua d'admirer les nouvelles productions d'André, qui ne put rien ajouter, et se remit à attendre que la main du pape s'étendît vers lui pour autre chose que des bénédictions.

Il faut avouer, à la louange du successeur de Sixte IV, que ce moment ne se fit plus trop attendre, et que, lorsque le peintre revint à la cour de Gonzague, il rapportait de la générosité d'Innocent VIII assez de présents et d'honneurs pour oublier qu'il les avait attendus un peu longtemps.

Parmi les plus belles choses qu'il laissa, on peut encore citer, outre *le Triomphe de César*, dont nous avons déjà parlé, et qu'il fit pour le marquis de Mantoue, *l'Enfant Jésus dormant sur le sein de sa mère*, qu'il exécuta à Rome. Le fond du tableau est occupé par une montagne percée de grottes où l'on aperçoit des ouvriers qui extraient des pierres. Les moindres parties de ce précieux morceau, dit Vasari, sont exécutées avec une telle finesse, que l'on a peine à croire que ce ré-

sultat ait été obtenu avec un pinceau. Puis deux allé-
gories : l'une représente *les Neuf Muses* dansant au son
de la lyre d'Apollon, ayant d'un côté Vulcain dans sa
forge, de l'autre Mercure au Pégase, et au-dessus Mars
et Vénus. Ces figures, malgré leur nudité, sont simples
et chastes comme des divinités chrétiennes. C'est que
le peintre comprenait le beau autrement que dans la
forme, et qu'il voulait qu'en dessus de l'enveloppe du
corps, même dans les sujets antiques et païens, on de-
vinât quelque chose de cette âme qu'entrevoyaient les
philosophes comme Socrate et que, plus tard, dévoila le
Christ.

La seconde allégorie n'a plus rien de l'Olympe de Jupiter et rayonne au contraire du ciel de Dieu. Elle représente une *Lutte entre le bon et le mauvais principe*.
Tout ce qu'on peut prêter d'horreur aux vices, le peintre l'a figuré sur les génies infernaux ; tout ce qu'on
peut donner de calme, de résignation et d'amour céleste
aux vertus, il l'a reproduit par la Foi, l'Espérance et la
Charité.

Ainsi, avec cette assidue sévérité de lignes, avec cette
éternelle chasteté de conception, avec cette simple ré-
gularité de pinceau, André de Mantegna, même en
traitant des sujets profanes, revient sans cesse à l'art
chrétien, si grand chez Giotto, le fondateur si méprisé
par Squarcione son maître.

Pendant ce temps-là, Charles VIII était entré en Italie, et les princes italiens, frappés de la rapide conquête du royaume de Naples, s'étaient ligués contre le roi de France. Ce fut le marquis de Mantoue, Jean-François II de Gonzague, qu'ils choisirent pour chef de leur armée ; et le 6 juillet 1495 eut lieu la bataille de Val-di-Taro, dans laquelle les soldats de Gonzague repoussèrent ceux de Charles VIII et eussent gardé la victoire de leur côté s'ils ne s'étaient dispersés pour piller, et n'avaient ainsi laissé le temps aux Français de continuer leur marche.

Ce fut cette prétendue victoire du marquis qu'André de Mantegna fut chargé de reproduire, et c'est alors qu'il fit *la Madone de la Victoire*, tableau qui représente la Vierge sur un trône avec l'Enfant Jésus debout, sur ses genoux, accompagnée de sainte Élisabeth, du petit saint Jean, des quatre patrons de Mantoue, et de Gonzague, qui rend grâce du succès qu'il croit avoir remporté à la bataille de Fornoue. C'est dans ce tableau surtout qu'on remarque le changement de manière du peintre. Les chairs y sont délicates, les armures brillantes, les costumes variés et charmants ; enfin cette composition, pleine de grâce, de coloris et de finesse, est le point de halte d'où, quelque temps après, partit Léonard de Vinci, qui devait continuer et agrandir l'art.

L'impulsion donnée à son école par André de Mantegna est énorme : c'est à lui qu'on doit les premières

Il devait y avoir souper le soir au Vatican, et les convives invités étaient les derniers cardinaux élus : Giovanni Castellar Valentino, archevêque de Trani ; Francesco Semolino, ambassadeur du roi d'Aragon ; Francesco Soderini, évêque de Volterra ; Melchior Capis, évêque de Brissina ; Nicolas Fiesque, évêque de Fréjus ; Francesco de Sprate, évêque de Leone ; Adriano Castellense, clerc de la chambre, trésorier général et secrétaire des brefs ; Francesco Loris, évêque d'Elva, patriarche de Constantinople et secrétaire du pape, et Giacomo Casanova, protonotaire et camérier secret de Sa Sainteté.

Le cardinalat, quand on veut le faire servir au bien de l'Église et au salut des fidèles, est une si belle chose, qu'on ne saurait l'acheter trop cher, si bien que chacune de ces élections avait été payée par l'élu suivant sa fortune, de dix à quarante mille ducats.

Si, par un hasard étrange, il arrivait que quelques-uns de ces cardinaux mourussent subitement, comme Casanova, Melchior Capis et Adriano Castellense, l'immense fortune qu'ils avaient amassée reviendrait au pape.

Alexandre VI leur donnait donc à souper dans une vigne située près du Vatican, et qui appartenait au cardinal de Corneto. Dès le matin de ce jour, Alexandre et César Borgia avaient envoyé leurs serviteurs et leurs maîtres d'hôtel faire tous les préparatifs; et César avait remis lui-même au sommelier de Sa Sainteté deux bouteilles d'un vin si précieux, à ce qu'il paraît, qu'il recommanda qu'on n'en servît que lorsqu'il le dirait et qu'aux personnes qu'il indiquerait. Du nombre de ces personnes se trouveraient sans doute les trois cardinaux que nous venons de nommer; car, comme nous l'avons dit, ils étaient fort riches et avaient dû, grâce à cette fortune, rendre quelques services au pape et à la chrétienté ; c'était donc bien le moins que cette faveur fût pour eux.

Le sommelier avait mis le vin sur un buffet à part, recommandant sur toute chose aux valets de ne pas y toucher, ce vin étant réservé pour le pape.

Vers le soir, Alexandre VI sortit à pied du Vatican, appuyé sur César et accompagné du cardinal Caraffa. La chaleur était grande, la montée était rude, si bien qu'en arrivant sur la plate-forme, Sa Sainteté s'arrêta pour reprendre haleine, et s'aperçut, en portant sa main à sa poitrine, qu'elle avait oublié, dans sa chambre à coucher, une chaîne qu'elle portait habituellement au cou et à laquelle était attaché un petit médaillon renfermant une hostie consacrée. Un astrologue avait prédit au saint-père que, tant qu'il porterait cette hostie, il ne pourrait mourir ni par le fer ni par le poison. Se voyant donc séparé de son talisman, Alexandre VI ordonna au cardinal de courir au Vatican, et de lui rapporter ce médaillon, lui indiquant l'endroit où il l'avait laissé.

Puis, le pape ayant grand soif, il demanda à boire ; et, comme il n'y avait là que le sous-sommelier, à qui l'on avait dit que les deux bouteilles de vin étaient réservées pour le pape, ce fut de ce vin qu'il versa à Alexandre et à César.

Pendant ce temps, le cardinal arrivait au Vatican, et, comme le palais lui était familier, montait à la chambre du pape, une lumière à la main et sans être accompagné d'aucun domestique. Au tournant d'un corridor, le vent souffla la lumière. Néanmoins, renseigné comme il l'était, il continua sa route, pensant qu'il n'avait pas besoin de voir pour trouver l'objet qu'il venait chercher. Mais, en ouvrant la porte de la chambre, le messager recula d'un pas et jeta un cri de terreur. Une vision terrible venait de lui apparaître : il lui semblait avoir devant les yeux, au milieu de la chambre, entre la porte et le meuble où était le médaillon d'or, Alexandre VI immobile et livide, couché dans une bière aux quatre coins de laquelle brûlaient quatre flambeaux. Le cardinal resta un instant les yeux fixes et les cheveux hérissés, n'ayant pas la force d'aller ni en avant ni en arrière ; mais enfin, pensant que tout cela était un prestige de ses sens ou une apparition infernale, il fit le signe de la croix en invoquant le saint nom de Dieu. Tout s'évanouit aussitôt, flambeaux, bière, cadavre, et la chambre mortuaire resta dans l'obscurité.

Alors le cardinal Caraffa, qui a raconté lui-même cet étrange événement et qui fut depuis le pape Paul IV, entra résolûment dans la chambre, quoiqu'une sueur glacée lui coulât sur le front ; il alla droit au meuble, et, dans le tiroir indiqué, ayant trouvé la chaîne d'or et le médaillon, il les prit et sortit précipitamment pour les aller reporter au pape. Il trouva le souper servi, les convives arrivés, et Sa Sainteté prête à se mettre à table. Mais la réalité semblait continuer la vision, car Alexandre VI était pâle comme un cadavre, et, du plus loin qu'il aperçut le cardinal, fit un pas vers lui ; mais ce fut tout ce qu'il put faire, car, au moment où il étendait le bras pour saisir le talisman, il tomba à la renverse en jetant un cri qui fut aussitôt suivi de violentes convulsions ; quelques instants après, et comme il s'avançait pour lui porter secours, César fut saisi du même mal.

Huit jours après, le pape était mort. Quant à César, soit qu'il eût moins bu de ce fatal breuvage, soit qu'il fût d'une constitution plus forte, il n'en mourut pas.

Ainsi se trouva réalisée la prédiction de l'astrologue.

La mort du pape mit fin aux travaux de Piero ; alors Baldassare entra dans l'atelier du père de Maturino, peintre médiocre, dit Vasari, quoiqu'il fût chargé de nombreuses commandes.

Quand Baldassare arriva pour la première fois dans l'atelier du peintre, celui-ci, pour voir ce que le nouveau-venu savait faire, mit devant lui une toile blanche, et, sans lui donner de carton ni de dessins :

— Faites une madone, lui dit-il.

Perruzzi prit du charbon, et, avec un grand aplomb et une grande justesse de lignes, il esquissa la figure ; le soir, les contours étaient parfaitement arrêtés, le corps était fait ; mais ce n'était encore qu'un dessin de peintre. Huit jours après, l'âme était descendue dans ce corps, et c'était une œuvre de poëte. L'admiration fut générale dans l'atelier, depuis les élèves jusqu'au maître, et la réputation du nouveau venu se fit vite. Alors on lui confia des travaux à Ostia, où il exécuta en clair-obscur, dans le donjon du château, différents sujets dont une bataille dans le style antique : c'est un escacadron donnant l'assaut à une forteresse ; les soldats, couverts de leurs boucliers, appuient contre les murailles leurs échelles, que les assiégés s'efforcent de renverser. Armures et instruments de guerre, tout est fidèlement imité de l'antique ; ces peintures sont regardées comme les meilleures qu'il ait faites. Il est vrai, ajoute Vasari, que César de Milan l'aida dans cette entreprise.

C'était un beau moment pour les arts. Voilà qu'à Alexandre VI avait succédé Pie III, qui, après un règne de vingt-sept jours, était mort empoisonné, comme son prédécesseur, et qu'à Pie III succédait Jules II.

Or, le pape Jules II, tout en jetant les clefs de saint Pierre pour prendre l'épée de saint Paul, appelle à lui tout ce qui peut faire son règne vaste et grand, et se met à écrire sa propre histoire dans des livres de pierre et de marbre. Alors il fait venir des peintres pour enrichir le Vatican; mais heureusement que parmi ces peintres se trouve Peruzzi, qui fait renvoyer ses compagnons pour faire venir Raphaël, que le pape a oublié, et, pour dédommager saint Pierre de l'espèce de préférence qu'il semble avoir pour saint Paul, Jules II lui fait élever une basilique qui émerveille ceux de son temps, et qui étonne ceux d'après.

Peruzzi vint donc à Rome apporter son tribut de génie à l'œuvre universelle, et, grâce à Agostino Ghigi, se mit à étudier l'architecture, où il fit, selon son habitude, de rapides progrès. Il s'appliqua aussi à la perspective, et Vasari dit qu'il obtint dans cette partie de l'art une telle perfection, qu'on fut longtemps sans pouvoir l'égaler. Il fit, dans une galerie et une volière que Jules II faisait construire dans le palais pontifical, plusieurs compositions en clair-obscur, entre autres les douze mois de l'année avec des sujets appropriés à chacun des mois. Il décora ensuite, avec d'autres artistes, plusieurs salles dans le palais San-Giorgio, pour le cardinal Raffaello Riario, évêque d'Ostia, et peignit, sur la façade de la maison de messer Ulysse de Fano, plusieurs épisodes de la vie d'Ulysse. La renommée du peintre allait toujours augmentant. Il y avait, à cette époque, un tel besoin d'art, que ce besoin s'étendait jusqu'aux banquiers, et qu'Agostino Ghigi rêva un jour un palais à faire envie à une fée ou à un cardinal, et, pour que la réalisation fut complète, ce fut Peruzzi et Raphaël qu'il chargea de l'exécution.

Les deux peintres se mirent donc à l'œuvre, et, disons-le, Baldassare, quoiqu'il ne fût pas l'élève du divin Sanzio, comme quelques-uns l'ont dit, avait une telle admiration pour lui, qu'en bâtissant la Farnésine, il l'avait disposée de façon à faire toujours briller le talent du maître, et qu'en travaillant à côté de lui, il tâcha toujours de prendre sa manière. Ce n'est pas du plagiat, c'est de la dévotion, et l'on comprend que le peintre, en admirateur passionné, ait subi l'influence de cet homme merveilleux, et n'ait pas voulu même essayer d'une originalité quelconque à côté de cette beauté éternelle et inaltérable.

Peruzzi avait embelli l'extérieur d'ornements à *ter-*

rata, ce qui était une composition de terre argileuse,
de poussière de charbon et de travertin ou pierre cal-
caire. On traçait le dessin en creux sur l'enduit, et l'on
remplissait les lignes ainsi tracées de blanc ou de noir
selon qu'on voulait avoir un effet de lumière ou d'ombre. C'était une manière à la fois prompte et économi-
que d'imiter les bas-reliefs.

A l'intérieur, la salle était décorée de colonnes en
perspective, ce qui l'augmentait beaucoup et lui donnait l'apparence d'un immense portique ; puis, du côté
du jardin, il y avait une galerie où Baldassare avait fait
une *Méduse changeant les hommes en pierre,* et un
Persée coupant la tête de Méduse. Les ornements en
relief étaient d'une si parfaite exécution, que, lorsque,
plus tard, Titien vint visiter ce palais, pèlerinage qu'il
devait aux tableaux de Raphaël, il prit pour de la pierre
ce qui n'était que de la peinture.

Peruzzi décora encore en clair-obscur la façade d'une
maison appartenant à un gentilhomme de la maison
du pape. A la Pace, dans la chapelle de messer Fer-
rando Ponzetti, il peignit à fresque plusieurs sujets tirés de l'Ancien Testament, et quelques figures de
grande dimension. Mais un miracle de perspective, c'est
la Vierge montant les degrés du temple au milieu d'une
foule de personnages, parmi lesquels un gentilhomme,
descendu de son cheval, fait l'aumône à un pauvre.

Peruzzi a entouré cette composition d'ornements imitant le stuc avec une perfection inouïe.

Pendant ce temps, de grandes choses se passaient dans le monde. Jules II était mort, et Laurent de Médicis, exilé sous son pontificat, le remplaçait sur le trône, et prenait le nom de Léon X, malgré la concurrence de Maximilien, qu'on laissa en Allemagne écouter Luther; François Ier succédait à Louis XII en France, et Charles-Quint à Philippe le Beau en Espagne.

Julien II, parent du nouveau pape, avait épousé la tante de François Ier, Philiberte de Savoie, afin de conserver l'alliance de la France et de l'Italie. Lui et Laurent étaient les chefs de la république florentine; mais ils ne faisaient que prêter leurs noms à Léon X, qui était le véritable maître.

Des fêtes magnifiques furent données à Julien II dans le Campidoglio, et six artistes furent chargés de faire chacun un tableau : ce fut celui de Baldassare qui fut jugé le meilleur de tous. Il représentait *Julia Tarpéia trahissant les Romains*. Ce fut encore pour ces fêtes que le peintre exécuta une décoration qui n'avait jamais eu sa pareille, et qui était d'une vérité de mouvement, de couleur et de perspective inconnue jusqu'alors.

Léon X, qui, entre les missions à remplir que lui

léguait son prédécesseur, avait reçu celle de terminer
la construction de l'église Saint-Pierre, donna d'immenses travaux à Peruzzi. En effet, le successeur de
Jules II était effrayé de la grandeur des masses et de la
faiblesse des points d'appui ; et ce fut encore Baldassare
qui, joignant, comme on le sait, le génie de l'architecte
au génie du peintre, donna de nouveaux plans à l'aide
desquels on répara dans plusieurs parties les erreurs de
Bramante.

Depuis les fêtes du Campidoglio jusqu'aux plans de
Saint-Pierre, il avait exécuté encore bien des choses.
Après avoir fait, pour le palais de Francesco de Norcia
sur la place Farnèse, une porte admirable d'ordre do-
rique, et, pour Francesco Buzio, sur la même place,
une façade avec les portraits de tous les cardinaux vivants ; après avoir fait, pour Léon X, ses armes soute-
nues par trois petits enfants qu'on eût dits vivants ;
pour le frate del Piombo, un *Saint Bernard ;* pour la
confrérie de Sainte-Catherine de Sienne, une bière à
porter les morts ; après avoir enfin donné à Sienne le
dessin de l'orgue del Carmine , il était allé à Bologne,
la ville antérieure aux Romains.

Il y était resté le temps de faire le dessin de deux façades, l'une dans le goût moderne, l'autre dans le
style gothique, pour les marguilliers de San-Pibionio ;
de dessiner en clair-obscur une *Adoration des mages*

pour le comte Gio Battista Bentivogli, et il était revenu, comme nous l'avons dit, à Rome, laissant Girolamo Trevigi peindre le dessin qu'il avait donné au comte.

Enfin *la Calandra,* la première comédie écrite en prose, du cardinal Bibbiena, avait été représentée devant le pape, et Peruzzi avait encore été chargé des décorations ; ce dont il s'était acquitté avec un si merveilleux talent, que ses deux compositions sont restées les modèles du genre. Il faut dire qu'il y apporta un soin étonnant, et que, pour arriver à l'effet qu'il voulait produire, il avait disposé lui-même jusqu'à l'éclairage des châssis.

Puis Léon X était mort de joie en apprenant la défaite des Français, et avait laissé la tiare à Adrien VI, le précepteur de Charles-Quint, et le pape pacifique, qu'on empoisonna bientôt, le trouvant trop vertueux. Clément VII, le bâtard de Julien de Médicis, lui avait succédé. Peruzzi avait été chargé de tout ce qui concernait l'appareil du couronnement, avait terminé à Saint-Pierre la façade de la grande chapelle commencée par Bramante ; et enfin était venue l'année 1527, époque où le connétable de Bourbon avait assiégé Rome, et où nous avons placé le commencement de cette biographie.

Le pape, retenu au château Saint-Ange pendant le

siége, avait corrompu ses gardes et s'était évadé. Comme si ce n'était pas assez du fléau de la guerre, Dieu envoyait la peste à Rome ; Venise, l'alliée de l'empire, mettait tout à feu et à sang ; Florence, à la nouvelle de la reclusion du pape , avait chassé les Médicis et brisé leurs statues, si bien qu'une fois libre, Clément VII, redevenu l'ami de Charles-Quint, après avoir été son prisonnier, n'avait rien eu de plus pressé que de mettre le siége devant Florence, et avait envoyé Baldassare à Baccio Valori pour qu'il l'employât comme ingénieur aux travaux de ce siége ; mais Peruzzi avait refusé, non parce qu'il était Florentin, comme le dit Vasari, mais parce que Sienne, sa patrie était gibeline. Clément VII avait gardé un vif ressentiment de ce refus ; mais enfin, après onze mois de tranchée, Florence avait été prise, érigée en duché, redonnée à un Médicis ; la paix s'était faite au dehors comme au dedans, et, grâce aux cardinaux Salviati, Trivulzi et Cesarino, Peruzzi avait pu revenir à Rome, où il avait vu sacrer, en 1534, un dernier pontife, Paul III, reflet d'Alexandre Borgia, et était mort lui-même en 1536, empoisonné comme un pape, par un misérable qui lui enviait sa place d'architecte de Saint-Pierre, c'est-à-dire deux cent cinquante écus par an, sa ortune ; car, comme nous l'avons dit, malgré ses immenses travaux de toute sorte, c'était lui qui enrichissait les riches.

Si vous allez à Rome, à côté du tombeau de Raphaël d'Urbin, vous en verrez un autre, et vous lirez dessus cette simple inscription :

Balthasari Perutio Senensi, viro et pictura et architectura aliisque ingeniorum artibus adeo excellenti, ut, si priscorum occubuisset temporibus, nostra illum felicius legerent. Vix. ann. LV, *mens.* XI, *dies* XX.

Lucretia et Jo. Salustius optimo conjugi et parenti, non sine lacrymis Simonis, Honorii, Claudii, Æmiliæ ac Sulpitiæ minorum filiorum, dolentes posuerunt. Die IIII *januarii* MDXXXVI.

GIORGIONE

C'était, en 1504, un jeune et beau cavalier que Georges Babarelli, et c'était en même temps un peintre puissant et hardi. Certes, s'il faut juger un homme sur sa mine et sur sa tournure, sur ses manières et son langage, aucun gentilhomme de la noble Venise n'eût valu Giorgione; aussi les hommes l'avaient-ils en haine; car les femmes l'avaient en amour. Pas une fête ne se donnait à Venise que Giorgione n'en fût, et comme, outre sa peinture, il aimait fort la musique, et que sa voix était aussi pure que son pinceau, bien des nobles dames rêvaient en l'écoutant chanter, et rêvaient au chanteur quand il avait fini; ce qui fait que souvent on pouvait, en regardant une des nouvelles productions de Giorgione, reconnaître, sous la figure d'une bacchante ou d'une Vierge, une de celles qui étaient passionnées pour le chant. Donc, c'était un caractère aventureux que ce Barbarelli, qui ne refusait jamais un rendez-vous, qu'il dût y trouver le regard d'une femme ou l'épée d'un homme, et c'était par-dessus tout un joyeux compagnon, qui avait de l'esprit et du courage autant que qui que ce fût, et du talent plus que personne.

Et cependant il n'était ni noble ni riche, comme nous l'avons dit dans la vie de Titien, et son père était un des moindres hommes de Castel-Franco.

Nous avons déjà vu son arrivée chez le peintre Bellini, son amitié pour Titien, son pari avec les sculpteurs. Nous ne nous occuperons donc pas de ses commencements, nous dirons seulement qu'en 1504, à l'époque où nous le prenons, il avait vingt-six ans. Il avait déjà, étant chez Bellini, fait bon nombre de Vierges et de portraits, et sa réputation était grande alors que le Fondaco dei Tedeschi brûla. Aussi, quand il fallut le reconstruire, ce fut à lui qu'on s'adressa pour peindre les fresques; l'architecte lui laissa le libre choix des sujets. Giorgione s'abandonna alors à toute son imagination bizarre et pittoresque; mais, comme nous l'avons dit, Titien peut revendiquer une bonne part de la gloire que ses compositions acquirent à Giorgione.

Il avait déjà fait des portraits, parmi lesquels nous pouvons citer un *David*, où le peintre s'est représenté lui-même; un *Général* d'armée, et un *Enfant*, dont la

tête bouclée, dit Vasari, ressemble à une toison d'a-
gneau. Après les fresques, il avait exécuté un *Porte-*
ment de croix fort beau, un portrait de Catherine,
reine de Chypre, et *l'Homme aux quatre faces,* qui lui
fit gagner son pari.

Puis il était retourné à Castel-Franco pour accomplir
une œuvre de reconnaissance et de piété. Il était parti
pauvre de chez ses parents, et il venait leur payer le
tribut de sa gloire et de sa fortune ; et après être entré
dans la maison de son père, il s'occupa de la maison
de Dieu ; car c'était un noble cœur que Giorgione,
qui devait voir plus tard, comme tous les gens qui ai-
ment et qui pensent, ce qu'on perd d'illusions en marchant dans la vie, et ce qu'on laisse de bonheur dès les
commencements de sa route. Il quittait donc le matin
son père et s'en allait travailler à l'église paroissiale de
Castel-Franco. Du côté droit, il peignit un *Saint George,*
et, du côté gauche, un *Saint François :* l'un était son
propre portrait ; l'autre, le portrait de son frère. Puis,
quand il eut terminé ces deux tableaux, il peignit encore quelques-uns de ses concitoyens, un *Christ mort,*
et repartit pour Venise ; car c'était véritablement là sa
sphère. C'était le peintre auquel il fallait le chant des
fêtes et le bruit de la ville. Ses rêves ne lui apportaient
pas des madones voilées et douloureuses comme à Raphaël et au Pérugin, mais de riches et belles courti-

sanes comme à l'Albane et à Rubens. Aussi, quand son pinceau retraçait sur la toile la pensée de son imagination, sa toile s'animait de couleurs brillantes et accentuées. Ce n'était pas toute la poésie de l'âme, mais c'était toute la beauté du corps, toutes les impressions de l'amour, toute la volupté des sens. Il lui fallait, à lui, les nuits étoilées et chaudes de Venise, comme il fallait à Bartolomeo l'ombre calme et silencieuse du cloître ; enfin Giorgione n'était pas la pensée divine et sainte du cœur, mais l'expression puissante et vigoureuse des passions.

De retour à Venise, il prit une maison sur la place Saint-Sylvestre, et sa vie de plaisir et de travail recommença. Il était évident que ce qu'il peignait le jour était la reproduction de ses impressions de la nuit, et que toute son inspiration lui venait du dehors ; il se mit, comme c'était l'habitude alors pour les gens riches, à peindre la façade de sa maison et celle de la maison Lorenza, se laissant aller à toute sa fantaisie. Poëtes, musiciens, peintres, mythologie, tout y était, depuis la Madone nourrissant le Christ jusqu'à Vulcain fouettant l'Amour ; puis le temps est venu qui a détruit tout, le ciel comme l'Olympe.

Il fit encore le symbole de la vie humaine : une femme tenait entre ses bras un enfant qui venait de naître, et dont le premier vagissement était un cri,

dont la première impression était une douleur, et dont
les yeux pleuraient avant d'être ouverts. Au milieu se
trouvait un homme armé de toutes pièces, jeune et
bouillant, toujours prompt à venger une injure, toujours prêt à verser le sang ; plus loin, un autre jeune
homme discutait avec les philosophes, les hommes
d'affaires ; d'un côté la fougue, de l'autre l'étude ; puis
enfin un vieillard tout nu, les cheveux blancs, les membres froids, le corps incliné, méditant sur une tête de
mort, tâchant d'approfondir la question de l'âme sur
les restes du corps.

Cette composition est une des plus belles de Giorgione ; on comprend que l'idée a dû lui en venir dans
un moment de solitude et de calme, à la première dés-
illusion de son cœur, au premier doute de son esprit,
à ces heures de réflexion silencieuse où notre âme se
reporte à l'enfance et retrouve une douleur, et puis à
la vieillesse, où elle entrevoit la souffrance. Car, comme
nous l'avons déjà dit, Giorgione n'était pas un de ces
hommes qui se font une habitude de pensées douces ;
au contraire, sa peinture était vivace et passionnée ;
et nous qui sommes appelé à juger l'homme sur ses
œuvres, quand, à travers ses productions vigoureuses,
nous en voyons une simple et poétique, nous sommes
forcé de la rejeter sur une impression intime du cœur.

C'est que, si pendant longtemps Giorgione a vécu

de plaisirs, jeune encore il est mort de douleur ; c'est
que c'est justement dans ces organisations fortes et
joyeuses que le chagrin creuse le plus profondément
quand une fois il s'en empare.

A ce tableau que nous venons de nommer, succéda
l'allégorie de Psyché, la terrestre rivale de Vénus.

Psyché était belle parmi toutes ses compagnes, et sa
beauté était devenue un culte ; si bien qu'on lui brûlait
de l'encens et qu'on l'appelait Vénus. Mais la belle
déesse était jalouse comme une femme, et elle fit jurer
à son fils que Psyché soupirerait pour le plus horrible
monstre de la terre. En effet, les deux sœurs de la
belle jeune fille se marient ; elle reste seule près de son
père, comme un jeune lis près d'un vieux chêne, donnant tout son parfum à l'arbre qui lui donne toute son
ombre ; mais un oracle inexorable a parlé, il faut que
la rivale de la déesse jalouse soit déposée seule et nue
sur une haute cîme pour y attendre le monstre qui sera
son époux. Toute la cour conduit en pleurant la
belle enfant au pied de la montagne, et Psyché gravit
avec ses petits pieds la pente escarpée ; puis, arrivée
au sommet, elle croise, chaste et pure, ses deux bras
sur sa poitrine, et, fatiguée de la route, elle s'endort.

A son réveil, la montagne aride a disparu, elle ne
reconnaît plus le pays qu'elle a parcouru la veille ; un
lit somptueux a remplacé sa couche de pierre, un pa-

lais magnifique l'entoure, et le paysage qu'elle aperçoit de sa fenêtre, tout diapré de fleurs, tout ruisselant de soleil, lui est inconnu. Alors elle cherche à rappeler sa pensée, et, en fouillant dans ses souvenirs, elle retrouve l'oracle et la fatale prédiction, toute sa jeunesse passée et tout son malheur à venir. Puis, toute cette magnificence qu'elle a d'abord vue avec étonnement, elle la considère avec inquiétude ; c'est d'un bien triste présage pour la pauvre enfant ; celui qui va habiter ce palais avec elle doit être bien affreux, puisque, ne pouvant charmer son cœur, il a tout fait pour charmer ses yeux.

A ces pensées succède une rêverie, au jour succède la nuit ; Psyché reste seule dans l'obscurité, le soleil est descendu depuis longtemps derrière l'horizon, et la belle enfant rêve encore à la fenêtre du palais, écoutant ce que murmurent les fleurs à travers leurs parfums, ce que chantent les oiseaux dans les arbres ; puis, quand elle a longtemps respiré les brises, écouté les chansons, regardé les étoiles, sa rêverie se change en sommeil, et, comme la veille sur la montagne, elle croise ses bras sur sa poitrine, adresse sa prière à Vesta et s'endort.

Mais, cette fois, son sommeil est troublé, elle se réveille ; la salle est toujours obscure, les parfums sont toujours les mêmes ; seulement, à ces parfums se mêlent des mots mystérieux qu'elle n'avait jamais entendus même en rêve ; sur sa lèvre se pose un baiser comme jamais son père ne lui en a donné, et, quand le jour vient, celui qui disait ces mots, qui donnait ces baisers, a disparu, et Psyché est seule. La nuit revient encore avec les mêmes bonheurs, avec la même extase, et le jour avec la même solitude.

De tout temps, la curiosité a perdu les femmes, dans la Bible comme dans la Fable, Ève comme Pandore. Or, une nuit que son amant mystérieux était endormi, Psyché se leva, courut prendre une lampe qu'elle avait cachée, l'alluma et revint. Pourtant ce n'était pas sans un battement de cœur bien fort que la jeune fille s'approchait du lit : les mots que lui disait son amant étaient bien doux, ses baisers bienfaisants, mais l'oracle avait promis un monstre et peut-être la lumière allait-elle prouver la vérité de l'oracle.

Aussi on comprend quel fut le bonheur de Psyché quand, au lieu de l'être hideux que lui montrait son imagination, elle vit celui qui était endormi. Malheureusement, quand le cœur est trop joyeux, quand la poitrine est trop oppressée, la main tremble, et, comme la lampe dont se servait Psyché brûlait tout simplement comme les nôtres avec de l'huile, sa main trembla si bien, qu'une goutte tomba sur la cuisse de l'amant, qui n'éta t autre que le fils de Vénus.

Alors tout fut fini ; palais, amant, bonheur, tout disparut.

Cupidon, furieux, fit un fort beau discours à la pauvre curieuse et la laissa toute seule au milieu d'un
immense désert, où, par bonheur, se trouvait un torrent : de sorte que, comme la première idée qui se
présente dans le désespoir est la mort, Psyché suivit la
loi commune et alla se jeter dans ce torrent ; mais le
torrent ne voulut pas de ce corps blanc et gracieux, et
se contenta de la déposer sur l'autre rive.

Puisqu'elle ne peut mourir, il faut bien qu'elle prenne
le parti de vivre : elle suit donc le premier chemin qui
se présente à elle, et, au bout de trois jours, arrive chez
sa sœur aînée et lui persuade que sa sœur cadette va
être à son tour l'épouse de Cupidon ; puis elle va chez
sa sœur cadette, à qui elle dit que l'Amour va épouser
sa sœur aînée. Toutes deux courent à la montagne où
fut laissée Psyché, appellent Zéphire pour qu'il les
transporte au palais bâti pour leur sœur, et, croyant
pouvoir se confier au dieu qu'elles ont appelé, elles s'é-
lancent du sommet de la montagne ; mais Zéphire ne
les a pas écoutées et elles disparaissent dans l'abîme qui
environne le jardin de l'Amour.

La Renommée alla prévenir Vénus que son fils était
malade ; et Psyché, qui cherchait son époux, crut pouvoir se confier à la générosité de sa rivale. Mais la pau-

vre enfant n'avait pas grande expérience, de croire qu'on trouve de la générosité à côté de la jalousie. Vénus se connaissait trop bien en vengeance pour laisser échapper cette occasion : elle fit semblant de pardonner, et imposa à Psyché des travaux impossibles ; mais, à mesure que la mère inventait de nouvelles difficultés, son fils donnait à sa maîtresse de nouvelles forces, si bien que le bourreau se lassait avant la victime. Enfin Vénus ordonna à Psyché d'aller aux enfers demander à Proserpine une boîte de beauté pour suppléer à ce que la maladie de son fils lui avait fait perdre.

Cette fois, Psyché fut bien sûre que ce serait la dernière vengeance de sa rivale, car elle n'entrevoyait pas la possibilité du retour. Elle partit cependant calme et résignée, et, quand elle eut longtemps marché, elle arriva au sombre empire ; Cerbère, le terrible chien, se tut ; Caron, le vieux nocher, lui fit crédit ; Proserpine lui donna la boîte et Psyché revint par le même chemin qu'elle était venue.

Psyché n'était pas curieuse à demi ; elle avait voulu voir son amant, elle voulut ouvrir la boîte. Ce fut toujours la curiosité qui la perdit. A peine la malheureuse boîte fut-elle ouverte, que des vapeurs qui en sortirent asphyxièrent la jeune fille ; mais Cupidon était toujours là : il fit rentrer les vapeurs, il ranima sa maîtresse, qui alla rendre compte de son message à la déesse ;

puis il demanda à Jupiter d'admettre Psyché au rang des immortels.

Jupiter y consentit ; Vénus, satisfaite de la boîte, fit comme Jupiter ; Cupidon épousa bel et bien Psyché, et eut de ce mariage une charmante enfant qu'on nomma Volupté.

Voilà le sujet que choisit Giorgione et qu'il exécuta en douze tableaux.

Dans le premier, il représenta la jeune fille pudique et voluptueuse à la fois, telle que devait la choisir Cupidon, qui s'y connaissait mieux que personne : elle soutenait de la main droite un voile qui tombait et dont l'extrémité couvrait son sein.

Dans le second, c'est Vénus qui ordonne la vengeance à son fils ; mais on comprend déjà que celui-ci oubliera la colère de Vénus devant le regard de Psyché.

Dans le troisième, elle est, comme nous l'avons déjà vu, conduite par toute la cour au lieu du sacrifice.

Le quatrième la représente portée par Zéphire dans le palais de l'Amour ; plus loin, elle est assise à un somptueux banquet, et, plus loin encore, couchée auprès de l'Amour.

Dans le suivant, elle est avec ses sœurs, qui lui donnent le fatal conseil qu'elle exécute dans le sixième.

Dans le septième, Giorgione avait représenté le pèlerinage de Psyché, qui rencontre Pan, et, dans le

fond, ses deux sœurs, qui, trompées à leur tour, se précipitent du haut de la montagne.

Puis venait Vénus grondant son fils, et Psyché im-
plorant Vénus, qui écoute avec froideur la suppliante
jeune fille, que repousse aussi Junon.

Le neuvième tableau représente Psyché battue par
Vénus, qui lui ordonne les travaux qui doivent racheter
sa faute.

Dans le dixième, la pauvre enfant va chercher dans
une épaisse forêt quelques flocons de la toison de brebis
malfaisantes, va puiser de l'eau du Styx, et arrive enfin aux enfers chercher la boîte tant désirée de la
déesse. Puis la curiosité de la messagère, son éva-
nouissement, et Cupidon qui la ranime et la renvoie à
sa mère.

Dans le onzième, Cupidon obtient de Jupiter l'immor-
talité de Psyché ; et, de la terre, on voit monter au ciel
la céleste fiancée.

Enfin le douzième figurait les noces, somptueusement
belles : les places d'honneur étaient naturellement données aux divins époux, les Grâces servaient les mets et
Ganymède versait le nectar pendant que les Muses et
le dieu de Délos répandaient leur douce harmonie ;
puis, à l'entour de ce groupe, voltigeaient les Heures
en parsemant le ciel de roses blanches et vermeilles.

C'était vraiment le sujet que devait choisir Giorgione

avec son talent exceptionnel. Là, pas de retenue, pas de pudeur ; les dieux et les déesses de l'Olympe païen ne sont pas aussi pudiques que les saints et les madones de l'Église chrétienne. A eux tout l'abandon du corps, toute la volupté des poses, toute la beauté des formes. La fable de Psyché embrassait un espace immense, ce qu'il y avait de plus grand parmi les dieux et de plus beau parmi les déesses ; aussi le peintre dut bien souvent pour ses modèles appeler le chanteur à son aide.

Maintenant, nous ignorons si cette composition de Giorgione fut faite simplement pour répéter un fait mythologique ou pour exprimer l'allégorie qu'on prêtait à cette fable. Nous, nous croyons, au point de vue de la peinture, que ce fut l'idée des formes, la pensée des couleurs qui fit faire ce tableau à Giorgione ; mais, comme, après tout, il aurait pu le faire dans un autre sens, nous tâcherons de dire ce que signifie cette longue fable de Psyché.

D'abord il est évident que Psyché, c'est l'âme (ψυχη), et que cette union de Psyché et de Cupidon est l'union de l'amour à l'âme ; union mystérieuse que l'âme ne comprend pas d'abord, qui se fait au milieu de tous les chants de la terre et de toutes les harmonies du ciel, et sur laquelle elle se demande : « Est-ce joie ou douleur? » comme Psyché sur son amant : « Est-ce un monstre ou un dieu ?» Puis, lorsque la raison veut exa-

miner froidement l'amour, il s'enfuit devant elle comme
Cupidon devant la lampe, laissant l'âme seule dans les
ténèbres comme Psyché seule dans son désert, victime
de ce péché vieux comme le monde, la curiosité ; cette
sonde sans force, qui ne creuse rien ; cette question des
yeux plus souvent encore que du cœur, qui reste sans
réponse ; ce grand cri poussé dans le silence et qui n'a
pas d'écho, péché originel que nous a transmis Ève et
que nous recevons en naissant, et que Psyché, humble
mortelle, devait recevoir comme les autres. Enfin à la
faute commise doit succéder l'expiation, et Psyché des-
cend aux enfers, ou, pour mieux dire, l'âme commence
à souffrir ; puis arrive la mort, qui sépare les choses de
la terre pour les réunir dans le ciel, et Psyché devient
déesse comme l'âme devient immortelle.

Maintenant, toute cette allégorie païenne vaut-elle
notre christianisme ? toute cette mythologie vaut-elle
un chapitre de la Genèse ? C'est plus amusant, mais
c'est moins beau ; c'est plus joli par la forme, mais
c'est moins vrai par le fond : et j'aime mieux Dieu débrouillant les ombres du chaos, et, plus loin, le Christ
débrouillant les erreurs des hommes, que tout cet
Olympe païen qui semble fait de ces ombres fantastiques de la nuit qu'efface le premier rayon de l'aube.
Au point de vue du poëte, car c'est ainsi que nous venons de juger deux choses qui ne peuvent se comparer

du point de vue religieux ; au point de vue du poëte,
disons-nous, toute cette mythologie allégorique doit
disparaître devant notre religion réelle, palpable, visible. Au point de vue du peintre, l'une n'existe que
pour la forme ; l'autre existe pour la pensée. Aussi vous
voyez Giorgione, le peintre de la forme, de la couleur,
laisser de côté les madones et prendre les déesses. C'est
qu'on a plus vite fait tout un corps voluptueux qu'un
regard inspiré ; c'est qu'il est plus facile de peindre
tout cet Olympe avec ses passions humaines que la
Vierge seule avec sa révélation divine.

Ainsi, qu'on nous permette cette digression ; cette
mythologie révèle partout son origine étroite ; c'est un
tout formé de morceaux divers, rassemblés par des
peuples à l'horizon borné. Parmi tous ces peuples, pas
un seul qui combatte pour ce qu'il dit ; chacun apporte
à la main, selon ses passions et ses habitudes, ses dieux
et ses déesses ; et le ciel finit par craquer sous le nombre des divinités, jusqu'à ce qu'un jour il arrive un
homme inconnu, mystérieux, pauvre, né dans une crèche, qui renverse toutes ces idoles du vice tremblant
sur leur base, pour poser à leur place une vérité unique, sainte et ferme dans son principe. Apôtre divin,
qui, toute sa vie, dit : « J'annonce ; » et qui, à l'heure
de sa mort, dit : « Je prouve. » Les deux religions
n'ont même pas à lutter : l'une renverse l'autre sans

violence, sans effort ; un seul homme tue l'Olympe comme David tue Goliath.

Aussi, prenez les hommes qui ont puisé dans les deux principes et comparez : vous aurez Homère et l'*Iliade* d'un côté, mais vous aurez Moïse et la Bible de l'autre.

Ce qui n'empêche pas que Giorgione, une fois qu'il eut terminé sa composition de *Psyché*, avait fait un chef-d'œuvre de coloris et de composition, et que, s'il n'y avait pas dedans de la poésie divine, il y avait certes un immense talent.

Il était donc devenu à son tour un grand peintre ; et, de même qu'il avait été frapper à la porte de Bellini, d'autres vinrent frapper à la sienne ; car ceux qui venaient le trouver savaient que, outre le talent du peintre, ils rencontreraient encore chez lui le dévouement de l'ami, et qu'une fois son élève, on devenait son frère.

Donc, vers 1508 ou 1509, un homme de trente à trente-cinq ans se présenta chez lui, demandant s'il y avait une place libre dans l'atelier du maître : à quoi Giorgione répondit en tendant la main au nouveau venu, qui dit s'appeler Pietro Luzzo de Feltre, ou, plus brièvement, Morto da Feltro.

Cet homme était un de ces génies remuants et inquiets, pour lesquels le mouvement est une nécessité

et le changement un besoin. Né à Feltre, il était venu
à Rome vers le temps où le Pinturiccio faisait pour le
pape Alexandre VI, d'incestueuse mémoire, les Stanze
du Vatican et les Loges du château Saint-Ange ; c'était
l'époque où les premières excavations faites intelligem-
ment venaient de mettre au jour ces belles peintures
antiques, ensevelies depuis quinze cents ans, et qui
semblaient renaître à la lumière, pour que Raphaël les
vît et les surpassât. Morto da Feltro s'était pris d'amour
pour ces magnifiques vestiges de l'antiquité, et peut-être
dut-il son nom de Morto à la persistance avec laquelle
il resta plus d'un an dans ces grottes, à en faire tout
le jour des études et des copies, si bien que, lorsqu'il
en sortait le soir, il semblait un mort qui sort de son
tombeau.

Puis, lorsqu'il en eut fini avec les grottes romaines,
il partit pour Tivoli, et, se prenant à la villa d'Adrien
comme il avait fait aux bains de Titus, il resta plusieurs
mois à Tivoli, dessinant tout ce que les excavations
avaient découvert de chefs-d'œuvre sous terre, tout ce
que le temps avait amassé de ruines à la surface du
sol.

Enfin il en arriva de la villa d'Adrien comme des
grottes romaines. Quand Morto da Feltro en eut, les
unes après les autres, traduit toutes les merveilles sur
ses albums, il partit, moissonneur infatigable, pour

chercher une autre récolte, parcourut successivement
Naples, à laquelle manquait encore Pompéi, mais qui
possédait déjà Pouzzoles avec ses ruines pleines d'arabesques, de bas-reliefs et de stucs. De Pouzzoles, il alla
à Baïa, parcourut pied à pied tout ce rivage magnifique si vanté par Horace et si redouté par Properce ; il
y chercha la trace des villas de Marius, de Pompée et
de César, les vestiges de la maison de Calpurnius Pison,
où se trama la conspiration qui conduisit Lucain à la
mort, et les ruines du palais qu'Alexandre Sévère fit
bâtir pour sa mère Julia Mammea. Il descendit dans la
célèbre piscine qui fournissait l'eau à la flotte station-
née à Misène, et que l'on attribue également à Lucul-
lus, à Agrippa et à Claude. Il évoqua, Virgile à la
main, la sibylle cuméenne, qui s'est tue du jour où le
Christ a parlé ; puis, passant par Mercato de Sabbato, il
revint à Rome, où il entendit raconter que deux merveilleux dessins, chefs-d'œuvre des deux plus grands artistes de l'époque (on devine que nous voulons parler des
cartons de Michel-Ange et de Léonard de Vinci), étaient
exposés à Florence dans la grande salle du Palais-
Vieux.

Et l'infatigable Morto da Feltro était parti pour Florence. Là, il avait été reçu par Cosino Feltrini, peintre
en réputation à cette époque des grandes réputations,
qu'on appelait Cosino du nom de son premier maître,

et Feltrini du nom du second. Puis, après avoir rassa-
sié de ces deux chefs-d'œuvre modernes sa vue habi-
tuée aux chefs-d'œuvre antiques, il avait peint pour le
gonfalonier Pierre Soderini toute une salle du Palais-
Vieux, qui disparut depuis dans les changements que fit
dans ce palais le grand-duc Côme; et, pour Agnolo Doni,
une chambre qu'il couvrit d'arabesques dans le goût
antique. C'était en achevant ce travail qu'il avait entendu dire que Giorgione de Castel-Franco, qui peignait le Fondaco dei Tedeschi, avait besoin d'élèves
qui pussent l'aider dans cette œuvre, et il était venu
s'offrir à lui comme peintre d'ornements.

Nous avons vu comment il avait été accueilli par le
bon et confiant Barbarelli.

A compter de ce jour, Giorgione et son nouvel élève
vécurent ensemble, partageant toutes les aventures et
tous les plaisirs. Il n'y avait que les dépenses qu'ils ne
partageassent pas, attendu que Pietro Luzzo n'était pas
riche. Mais, à défaut de bourse, il avait de magnifiques
cartons, qu'il ouvrait à son maître; à défaut d'argent,
il avait des récits de voyage toujours nouveaux et in-
téressants. Et Giorgione, qui trouvait tout simple que
l'on donnât à ceux qui n'avaient rien, trouvait bien
plus simple encore qu'on partageât avec ceux qui pouvaient vous rendre une aussi curieuse monnaie que
celle que la vie aventureuse de Morto da Feltro avait

mise dans sa mémoire. Aussi, c'était, presque tous les soirs, des fêtes qui reposaient l'esprit du travail du jour. Dans ces fêtes, Giorgione redevenait chanteur, et, comme il était toujours jeune et beau, il y eut bien de nouveaux portraits de faits encore, depuis l'année 1504 jusqu'à l'année 1509. Mais enfin, à peu près vers cette époque, il se trouva, à l'une des réunions du peintre, une femme jeune et belle aussi, qui fixa si bien et si longtemps ses yeux noirs sur le chanteur, que Giorgione ne put détacher les siens du visage de cette femme et qu'il en devint tout bonnement amoureux.

Giorgione emmena Pietro Luzzo dans un coin de la salle et lui montra les deux yeux au pouvoir magique.

— Que penses-tu de cette femme? lui dit-il.

— Je pense, maître, qu'elle est fort belle et que c'est votre avis aussi.

— Oui, et je sens que je l'aime.

— Comme les autres, maître?

— Oh! non pas! comme je n'ai jamais aimé.

— Allons, je vois bien, reprit Pietro Luzzo, que la bonne ville de Venise va gagner à ce nouvel amour quelque chef-d'œuvre de beauté... Bonne chance, maître!

Et Pietro Luzzo s'éloigna, laissant Giorgione rêveur.

La soirée se passa, et, le lendemain, après une nuit sans sommeil, bien entendu, Giorgione revit cette femme de la veille. Le peintre avait compris que ce nouvel amour était sérieux ; aussi était-il comme un enfant plein de crainte et de retenue devant elle, et ce qu'il lui disait ne ressemblait en rien à ce qu'il disait aux autres.

Était-elle noble et riche? Voilà ce qu'on ne dit pas ; tout ce que nous savons, c'est que Giorgione l'aimait et qu'il ne s'inquiétait sans doute pas plus de sa fortune que nous ne nous en inquiétons. Était-elle digne de cet amour? Avait-elle deviné la sainte et belle mission que Dieu donne à la femme dont l'artiste a fait l'élue de son cœur? Avait-elle compris ce qu'il doit y avoir d'amour idéal, de bonté céleste, de dévouement profond dans l'âme où l'homme de génie puise tout, bonheur, gloire, amour? Avait-elle senti qu'il y a toujours dans la route agitée d'un artiste une femme près de laquelle il s'arrête en rêvant, dans laquelle il reconnaît ses rêves, à qui il tend la main comme à un ange, à qui il demande le repos du passé et le bonheur de l'avenir, et qu'il suffit d'un peu d'amour de cette femme pour élever l'artiste, et de son oubli pour tuer l'homme?

A cette époque déjà, Giorgione ne voyait plus Titien ; ce bonheur de jeunesse avait disparu, cette intimité de l'ami n'était plus là pour recevoir ce qui débordait de son cœur, que ce fût joie ou chagrin, plaisir ou douleur. Quant à Pietro Luzzo, c'était pour le peintre plus qu'un élève ; mais ce n'était pas encore un ami. Il avait donc besoin de partager sa vie avec quelqu'un, et, quand il vit cette femme, il remercia Dieu de la lui avoir envoyée.

A compter de ce jour, Giorgione oublia tout, excepté la peinture, la seule rivale de sa nouvelle maîtresse, pour cette femme qu'il avait montrée à son élève. Il l'aimait de ce double amour que nous avons essayé de faire comprendre : avec le double cœur, pour ainsi dire, du peintre et de l'homme, amour tantôt idéal, tantôt réel, chez lequel la passion du corps n'exclut pas la poésie de l'âme, où la femme est ange quand l'artiste rêve, et redevient femme quand l'artiste redevient homme. Elle suivait donc sa vie, elle marchait donc dans sa gloire. Quant à lui, il était heureux comme quand on croit, et confiant comme quand on aime. Ainsi, à mesure que son cœur avançait dans cette passion, son talent semblait suivre une autre voie. Quelle que soit la femme en qui l'on place son amour, du moment où l'âme la trouve assez pure pour s'y refléter, ce qu'elle lui inspire est toujours saint : alors aux *Psyché*, aux *Vénus* succédèrent, pendant quelque temps, *Saint Sébastien et son Martyre, Jésus-Christ et son Calvaire.* Ce dernier, surtout, est empreint d'une poésie toute nouvelle chez l'artiste; près de Jésus est un homme qui l'insulte, et, de l'autre côté, sainte Véroni-

que recueille avec un linge les gouttes de sang qui tom-
bent du front du martyr.

Nous l'avons dit, Giorgione, était confiant comme
tous les nobles cœurs, comme tous les grands hommes,
et, quand il quittait son atelier, quand, pour le côté
matériel de l'art, il était forcé de s'absenter, d'aller
faire le portrait de quelque grand seigneur ou de quelque grande dame, Pietro Luzzo restait seul avec celle
que Giorgione n'eût pas voulu quitter un seul instant,
non par crainte, mais par amour.

Alors, pendant les heures d'absence, qui sait quels
furent les mots, les moyens, les ruses dont se servit
l'élève pour prendre à son maître le trésor de son cœur,
qu'il lui confiait! Insoucieux et gai, Giorgione rentrait
le soir, rapportant à la maison le tribut de son travail,
rapportant à sa maîtresse le tribut de sa gloire, ne
soupçonnant pas, quand il la voyait baisser les yeux,
qu'elle eût quelque chose à cacher, et croyant qu'il y a
plus de nobles sentiments que de mauvais qui font
baisser les yeux à une femme. Puis les soirées se passaient, non plus fiévreuses et agitées, mais calmes,
douces, pleines de rêverie et d'amour de la part de
Giorgione, qui aimait comme un enfant malgré sa vie
passée. Dieu laisse souvent, dans le fond du cœur de
l'homme, un peu de ce parfum du ciel sur lequel les
passions glissent sans l'atteindre et qui, à un jour dit,

s'exhale pur comme la foi sa sœur, et remplit la vie de douces extases.

Les premiers moments de cet amour avaient été bien heureux pour Giorgione, et il y avait déjà longtemps qu'ils avaient cessé de l'être pour sa maîtresse, que lui croyait encore à ce bonheur. Cependant, quelque puissante sur elle-même que fût cette femme, il y avait des fois, nous l'avons dit, où le regard de son amant la faisait rougir par un restant de honte, où son baiser semblait lui brûler le front. Mais Giorgione croyait, et ne voyait rien.

Un soir cependant, il n'y eut plus à douter : quand il rentra, croyant trouver la main de son ami et la bouche de sa maîtresse au seuil de la maison, il ne trouva rien ; tout avait disparu. Il voulut d'abord douter, car l'homme doute toujours, surtout du malheur ; mais, quand les heures se furent passées, le doute s'enfuit à son tour. Alors il resta seul, anéanti, épuisé comme celui à qui une main de fer viendrait d'enlever le cœur, pâle comme une statue, interrogeant tous ces objets qui lui souriaient la veille quand le regard de cette femme les animait, mais qui semblaient à cette heure, mornes et silencieux, porter les ombres de sa douleur. Il y a de ces coups devant lesquels s'éveille l'amour-propre et qu'on veut venger avec son épée ; mais il y a de ces désespoirs inattendus contre lesquels la volonté s'épuise, devant lesquels le courage tombe, et Giorgione ne pensa même pas à tuer Pietro Luzzo.

Il restait donc cloué à sa place, sans un mot, sans une pensée, immobile comme un homme frappé de la foudre au milieu de cette obscurité froide et triste des grandes salles ; mais enfin il se leva, doutant encore, croyant à un rêve, touchant tous les objets, parcourant toutes les chambres ; puis il arriva à celle que, la veille encore, habitait sa maîtresse. Tout était à sa place ; la divinité, en le quittant, n'avait rien emporté du sanctuaire, si bien que tous les souvenirs avaient des formes et que le pauvre délaissé pouvait les toucher du doigt en les remuant dans son cœur. Il retrouva toutes ces choses auxquelles l'âme attache tant de charme, quoiqu'elles rappellent un cœur ingrat, mais à qui on ne peut en vouloir puisqu'on l'aimait. Il revit ses ébauches, qui toutes lui rendaient une forme, lui retraçaient une pensée de cette femme ; il toucha tout, surtout ce qu'elle préférait ; puis, quand il se fut assuré qu'il vivait et que son malheur était réel, il s'assit au milieu de ses souvenirs, et, le premier moment de douleur étant un peu calmé, il se mit à rêver ; puis, à mesure que le cœur retrouvait quelque chose du passé, ses yeux se mouillaient de larmes, et, comme les souvenirs abondaient, au bout d'une heure il pleurait comme un enfant.

Certes, si celle qui le jetait dans cette douleur eût
pu voir cet homme si fort et si puissant pleurer sans
un reproche, souffrir sans une plainte sur elle, elle fût
venue se jeter à ses pieds comme Madeleine aux pieds
du Christ en criant : « Pardon ! » et Giorgione eût pardonné ; mais, pendant qu'il souffrait seul, elle était
heureuse avec un autre ; ce qu'elle lui disait aupara-
vant, elle le disait à son rival ; cet amour dont elle
l'avait entouré, elle le prodiguait à Pietro Luzzo sans
retenue, sans crainte, sans pudeur. C'était horrible à
penser, mais cela était ; et ce fut à cela que Barbarelli
pensa toute la nuit. Les ombres étaient descendues,
l'atelier était sombre et silencieux, pas un chant au
dehors, pas un murmure au dedans. Giorgione se leva :
ayant peur de son isolement, il vint à la porte écouter
s'il n'entendrait point le pas qu'il eût donné dix ans
de sa vie pour entendre, la voix qu'il eût payée de son
éternité ; mais ce fut toujours le même calme, sombre
comme la nuit, froid comme la tombe.

Alors il pensa que, s'il restait ainsi, il allait mourir ;
et peut-être ne voulait-il pas mourir seul, peut-être
avait-il un espoir ou nourrissait-il une vengeance : il
sortit. Venise était belle, son ciel était bleu, sa lune
était calme, son air était frais ; rien au dehors ne lui
rappelait la tristesse du dedans. L'homme qui souffre
croit toujours trouver la nature souffrante autour de

lui; il pense, dans son chagrin égoïste, que tout par-
tage sa douleur; et rien ne lui fait mal, quand, ainsi
que Giorgione, il erre en pleurant, la nuit, comme le
chant d'un passant attardé qui rentre joyeux et insou-
ciant. Il se promena longtemps sans but, sans espoir;
puis le jour vint. Venise se réveilla belle devant le soleil comme elle l'avait été devant la nuit; le bruit, les
chants recommencèrent; tout reprit la vie avec ses
passions, avec ses rêves; tout s'anima pour mourir de
nouveau le soir, et Giorgione, qui avait besoin d'être
seul, rentra quand le jour reparut. Le cœur lui battait
fort en revenant, il pouvait retrouver celle qu'il avait
perdue.

La maison était déserte comme la veille.

Dans les commencements d'une douleur et surtout
d'une douleur violente, le désespoir soutient les forces;
mais il arrive un moment où ces forces succombent,
où le délire envahit l'esprit, où la fièvre brûle le corps,
et, quand les amis de Giorgione vinrent le voir, ils le
trouvèrent fiévreux, haletant, hagard sur son lit de
douleur, qui sera bientôt son lit de mort. A partir de
ce moment, sa pensée disparut sous la souffrance physique; et, les ressorts de l'âme une fois rompus, les or-
ganes du corps se brisèrent.

Mais, comme il était d'une organisation forte, il lutta
plus longtemps contre la maladie, c'est-à-dire qu'il

souffrit davantage ; puis, au bout de quelques jours, il mourut, âgé de trente-quatre ans.

Quand il fut mort, les médecins constatèrent qu'outre la maladie morale qui avait rongé l'âme, sa maîtresse lui avait donné une maladie physique qui lui rongeait le corps.

———

Sept ans après la mort de Giorgione, Pietro Luzzo da Feltro, qui avait disparu, comme nous l'avons dit, avec la maîtresse du pauvre Barbarelli, et qui n'avait point reparu, fut, à la suite d'une escarmouche qui avait eu lieu près de Zara, retrouvé mort sur le champ de bataille. Il s'était engagé comme volontaire dans l'armée vénitienne, et était devenu capitaine de deux cents soldats.

JEAN-ANTOINE RAZZI

DIT IL SODOMA, ET IL MATACCIO

Vers l'an 1531 , comme les Espagnols occupaient Sienne, il arriva qu'au moment où le général commandant la ville était à tenir conseil chez lui avec les principaux officiers, on lui annonça qu'un homme, qui ne voulait pas dire son nom, demandait à lui parler pour choses, assurait-il, où l'honneur de la nation espagnole était compromis. Or, comme tout noble Espagnol a toujours été fort sensible à ce genre d'appel, le général ordonna que cet homme fût introduit à l'instant même. Cinq minutes après, la porte se rouvrait, et le laquais introduisit un personnage de cinquante à cinquante-deux ans, portant la barbe et les cheveux longs, vêtu d'une longue robe de brocart, dont l'étoffe un peu foncée avait dû être belle et riche dans sa splendeur. Il avait une de ses mains cachée sous sa robe, et semblait tenir de cette main un objet qu'on ne pouvait pas voir.

Cet homme, qui paraissait familier avec les grands personnages, entra, salua courtoisement, quoique avec une certaine fierté, et attendit qu'on lui adressât la parole.

— C'est vous qui avez désiré être introduit près de moi ? demanda le gouverneur.

— Moi-même, Excellence.

— Pour affaire, assurez-vous, qui intéresse l'honneur de la nation espagnole ?

— Oui, reprit l'inconnu, si la nation espagnole met son honneur à ce que ses soldats ne soient pas des insolents et des lâches !

— Holà ! dit le Castillan en fronçant le sourcil et en relevant sa moustache, qui dit qu'il y a des lâches et des insolents parmi les soldats espagnols ?

— Moi ! dit l'inconnu.

— Et vous le prouvez, sans doute ?

— Je le prouve.

— Comment cela ?

— En passant devant un corps de garde, j'ai été insulté par un soldat, et, comme, pour venger cette insulte, j'avais emprunté l'épée d'un cavalier siennois qui passait, et que, l'épée à la main, je faisais appel à ce soldat, l'insolent est devenu lâche, et s'en est allé se cacher dans les rangs de ses compagnons.

— C'est impossible! dit le gouverneur.

— Cela est, répondit froidement l'inconnu.

— Et pouvez-vous me faire connaître ce soldat?

— Oui.

— Son nom?

— Je ne le sais pas.

— A quelle compagnie appartient-il?

— Je l'ignore.

— Mais alors, comment le reconnaîtrai-je?

— Rien de plus facile. Pendant qu'il m'insultait, pendant qu'il fuyait, pendant que, retiré au milieu de ses compagnons, il me bravait, j'ai eu le temps de l'examiner à loisir, d'étudier les traits de son visage, de les graver dans ma mémoire; de sorte que, rentré chez moi, j'ai fait son portrait de souvenir. Le voici!

Et, en disant ces mots, l'inconnu tira de dessous sa robe l'objet qu'il y tenait caché, et qui n'était rien autre chose que le portrait du soldat, si parfaitement ressemblant, qu'un des capitaines qui étaient là le reconnut à l'instant même pour être de sa compagnie, et l'appela par son nom.

— C'est bien, dit le gouverneur; allez chercher cet homme, qu'on l'interroge; et, s'il est coupable, qu'il soit puni.

L'officier sortit pour obéir au gouverneur, qui, se retournant vers l'inconnu :

— Vous êtes donc peintre ? demanda-il.

— Votre Excellence le voit bien.

— Comment vous appelez-vous ?

— Je m'appelle Jean-Antoine Razzi. Seulement, les uns ajoutent à mon nom le sobriquet de Sodoma, et les autres celui de Mataccio.

L'Espagnol sourit.

— Bien, dit-il, je vous connais, et, si vous avez dit la vérité à l'égard de mon soldat, vous n'aurez pas à vous plaindre d'une insulte qui vous aura valu la fortune d'être introduit devant moi.

Ce fut Razzi qui sourit à son tour ; car, après avoir vécu dans l'intimité de deux papes, cet honneur d'être introduit devant un capitaine espagnol ne lui paraissait point si grand que le disait celui-ci. Néanmoins, comme Razzi, selon son habitude, était fort gêné en ce moment-là, il s'inclina et attendit.

Dix minutes après, le soldat était amené devant Razzi, confronté avec lui, et il avouait le double crime dont il était accusé.

Il résulta de ce petit incident vingt-cinq coups de verges pour le soldat, et pour Razzi la commande, dans l'église du Saint-Esprit, des fresques de la chapelle Saint-Jacques, où les gouverneurs espagnols avaient leur sé-

pulture, et où il peignit une Notre-Dame, ayant à sa
droite un saint Nicolas de Tolentino, et à sa gauche un
saint Michel archange terrassant Lucifer ; et, au-dessus
de cette fresque, dans un médaillon, cette même Notre-
Dame, entourée d'anges, et passant l'habit sacerdotal
à un saint.

En outre, le gouverneur et ses principaux officiers,
charmés de l'habileté avec laquelle Razzi avait saisi la
ressemblance du soldat, commandèrent au peintre leurs
propres portraits.

Disons maintenant ce que c'était que Jean-Antoine
Razzi, et comment il avait mérité le double surnom de
Sodoma et de Mataccio.

Razzi était né, selon toute probabilité, à Vercelli, en
Piémont, vers l'année 1479, c'est-à-dire entre la naissance de Michel-Ange et celle de Raphaël ; conduit à
Sienne, dix à douze ans après, par des espèces de commis
qui négociaient pour la maison des Spannocchi, le sort
voulut que, ne trouvant aucune ressource commerciale
dans cette ville, il y restât dans l'intention d'étudier la
peinture, dont il avait déjà pris quelques leçons à Vercelli, dans les ateliers de Giovenone, qui appartenait à
l'école milanaise. Or, comme il avait de grandes dispositions pour le dessin, et que, se trouvant sans moyens
d'existence, il avait besoin de faire promptement ressource de son art, au lieu d'entrer chez un maître, il

se mit à travailler seul, utilisant ses anciennes études, et, faute de théorie, apprenant l'art à force de pratique : ce fut surtout en copiant les œuvres de Jacopo della Fonte, ou de la Quercia, — on l'appelait également Jacques de la Fontaine, — sculpteur siennois fort à la mode à cette époque, et qui, en effet, avait pris une place honorable après André de Pise et Orcagna, qu'il acheva son éducation artistique.

Ses premières œuvres furent des portraits ; et, grâce au chaud coloris de l'école milanaise, dont les principes étaient restés en lui, et surtout, dit Vasari, grâce à cet amour singulier que les Siennois portent aux étrangers, il commença à se répandre et à faire amitié avec les jeunes gens de la ville ; bientôt, comme le jeune Razzi était bon compagnon, brillant d'esprit, et fort dissolu de mœurs, ainsi que l'on commençait d'être à cette époque, sa réputation de libertin fut bientôt faite : cette réputation franchit même les bornes ordinaires du libertinage. Soit qu'il les recherchât comme modèles, soit que Razzi fût atteint de ce vice fort commun à cette époque, et pour lequel la maîtresse de Benvenuto Cellini menaçait de le faire brûler, on le trouvait sans cesse entouré de beaux jeunes gens qui lui valurent bientôt le surnom de Sodoma ; mais, loin, comme on eût pu le croire, de se fâcher de ce sobriquet, Razzi l'accepta avec autant de vanité que les anciens Romains ou les anciens Teutons acceptaient les surnoms qu'ils devaient, soit à leurs qualités physiques, soit à leurs qualités morales : il cessa donc pour lui-même de s'appeler Razzi, signa *le Sodoma*, et, comme, ainsi que tous les Italiens de cette époque et même ceux d'aujourd'hui, il était un peu poëte, il se mit à faire des vers à la louange du vice qui lui avait valu le surnom dont il se glorifiait, vers qu'il chantait en s'accompagnant au luth d'une façon fort agréable et avec un miraculeux aplomb. Ce n'est pas le tout, comme l'excentricité des goûts du Sodoma ne connaissait aucune barrière, il se prit bientôt d'amitié pour toute sorte d'animaux, à ce point qu'il finit par emplir son atelier d'écureuils, de singes, de chats angoras, d'ânes nains, de boucs, de tortues, de barberi et de chevaux de l'île d'Elbe, avec lesquels il courait le pallium (1).

Mais, outre cela, ce qui faisait la plus grande admiration des Siennois, c'était un énorme corbeau qui se promenait au milieu de ces animaux, lesquels faisaient de l'atelier du Sodoma une espèce d'arche de Noé, avec la gravité particulière à cet oiseau, et qui, toutes les fois qu'on frappait à la porte, répondait : « Entrez ! » avec tant de naturel, et d'une voix qui imitait si bien celle

(1) Le pallium était un étendard qui formait le but et qu'enlevait, en passant, celui qui arrivait le premier au bout de la course.

de son maître, qu'il n'y avait pas moyen de persuader aux visiteurs qui avaient entendu cette voix que le Sodoma fût sorti ; et, comme il arrivait quelquefois que le Sodoma rentrât pendant la discussion qui avait lieu sur sa prétendue absence, ceux qui discutaient lui soutenaient à lui-même qu'il était sorti par une porte de derrière, après avoir prononcé le mot *Entrez !* et qu'il ne revenait ainsi que pour se moquer de ceux qui auraient la niaiserie de le croire. Or, comme toutes ces singularités lui avaient fait une espèce de réputation dans le peuple ; comme son esprit, sa facilité, son libertinage, l'avaient lancé parmi les gentilshommes, qui ne pouvaient plus se passer de lui et le mettaient dans toutes leurs orgies, la renommée du Sodoma commença de se répandre par toute l'Italie.

Ce fut vers ce temps que, frère Dominique de Leccio, Lombard et, par conséquent, compatriote de Razzi, ayant été nommé général de l'ordre des moines de Monte-Olivetto, le peintre alla lui faire une petite visite, non-seulement pour renouveler connaissance avec lui, mais encore pour voir en même temps s'il ne pourrait point en tirer quelque belle commande. Razzi ne s'était pas trompé dans son espoir : le général lui donna à achever l'histoire de *la Vie de saint Benoît*, dont Luca Signorelli avait fait la première partie. Malheureusement pour les moines, soit que l'ordre ne fût pas riche, soit que le général fût avare, le prix que l'on donna à Razzi étant à peine suffisant pour payer ses rapins et ses broyeurs de couleurs, il exécuta cette besogne avec tant de négligence, que le général se décida un jour à lui en faire des reproches. Razzi l'écouta fort gravement ; puis, lorsqu'il eut fini :

— Mon père, dit Razzi, je suis de ma nature un être fort capricieux, et mon pinceau est presque aussi capricieux que moi ; de sorte qu'il ne saute que lorsque les écus sonnent ; faites sonner les écus, et vous verrez comme il dansera.

Le général suivit le conseil, et, à partir de ce moment, Razzi apporta, comme il l'avait promis, un tel soin à son œuvre, que les moines furent forcés d'avouer qu'il s'était surpassé lui-même.

Or, comme, tout en travaillant, il faisait mille folies, racontant aux bons pères les histoires les plus scandaleuses, et leur faisant, à brûle-pourpoint, les propositions les plus incongrues, ceux-ci, qui n'osaient l'appeler du nom qu'il prétendait avoir conquis, comme Sforza, à la pointe de son épée, se contentèrent de l'appeler *il Mataccio*, c'est-à-dire le grand fou.

Razzi accepta ce second sobriquet comme il avait accepté le premier ; seulement, comme, ainsi que pour le premier, il voulait sans doute que la postérité l'en pût juger digne, il résolut de faire aux bons moines une surprise. En conséquence, comme il n'avait plus à peindre qu'un compartiment de *la Vie de saint Benoît*, et que, pourvu qu'ils fussent tirés de la vie du saint, tous les sujets étaient laissés à la liberté de l'artiste, il éloigna tout le monde du lieu où il travaillait, disant que, pour faire son dernier tableau, qui devait être son chef-d'œuvre, il avait besoin de solitude et de recueillement.

Les moines, qui commençaient à avoir la plus grande confiance dans son talent, obéirent religieusement.

Razzi travailla avec une assiduité exemplaire, et, au bout d'un mois, il prévint toute la confrérie que, pour le lendemain, la fresque serait visible.

En effet, lorsque, le lendemain, leur général en tête, les moines entrèrent dans la salle où Razzi travaillait depuis cinq ou six mois, ils trouvèrent les trois premiers tableaux achevés et le quatrième couvert d'un voile.

Le premier représentait saint Benoît partant de sa ville natale pour aller demeurer à Rome.

Le second représentait le moment où saint Maur et saint Placide, ses disciples, lui furent donnés par leurs parents, qui les offraient en même temps à lui et à Dieu.

Et le troisième représentait les Goths brûlant le mont Cassin.

Mais ce n'était point ces trois premiers tableaux que les moines désiraient voir, car ils les connaissaient;

c'était le quatrième tableau voilé, qui, depuis si long-temps, excitait leur curiosité.

Razzi, alors, pour la satisfaire, les fit ranger en cercle, et, tirant violemment le voile, qui n'était retenu que par deux clous, il découvrit aux moines le quatrième sujet.

Razzi avait eu raison de dire au général qu'il leur ménageait une surprise, car la surprise fut grande en effet : le peintre avait choisi pour ce quatrième tableau, laissé à son choix, le moment où le prêtre Florent, ennemi de saint Benoît, conduit autour du monastère, pour faire tomber le saint en tentation, toutes les courtisanes qu'il a pu rencontrer. Or, pour que la tentation fût plus grande sans doute et la vertu d'autant plus méritoire, le Razzi avait peint toutes ces femmes nues et dans les postures les plus lascives.

Les moines jetèrent un cri de désespoir, et déclarèrent le Mataccio cent fois plus fou encore que ne l'indiquait son nom ; et, comme il était impossible qu'une pareille fresque restât dans le couvent, le général ordonna qu'elle fût grattée à l'instant même.

Mais alors, le Sodoma fit un signe et, prenant son pinceau, il couvrit une de ces femmes d'une draperie si large, si belle, si ondoyante, que tous les moines restèrent en admiration, et que, sur la promesse du peintre d'en faire autant pour toutes les autres, le gé-

néral décida que, moyennant cette correction, il serait
fait grâce à la pauvre fresque condamnée.

On voit encore aujourd'hui, dans le couvent de
Monte-Olivetto, ces fresques, qui, pendant deux siècles
et demi, furent conservées avec le plus grand soin, et
qui n'eurent à souffrir qu'au moment où les Français,
maîtres de l'Italie, déclarèrent qu'il n'y avait plus de
vœux. Le couvent, alors, fut occupé par nos soldats, qui,
n'ayant point pour ces sortes de peintures tout le respect qu'ils auraient dû avoir, leur firent subir quelques dégradations.

Telles qu'elles sont cependant, il est encore facile de
voir que la plus belle de toutes est celle où les femmes,
présentées nues d'abord aux regards des bons religieux,
furent habillées ensuite par le Mataccio, qui, en souvenir de cette plaisanterie, conserva son second sobriquet avec presque autant d'amour que le premier.

Les sujets peints par le Razzi à Monte-Olivetto sont
au nombre de vingt-six, et dans l'une de ces histoires,
qui représente saint Benoît, encore enfant, raccommo-
dant miraculeusement le baptistère de son abbaye qui
avait été brisé, il a mis son propre portrait, celui de son
corbeau, celui de son singe et celui encore de trois ou
quatre de ces animaux. Ceux qui voudront le chercher
le retrouveront dans le cavalier vêtu d'une cape jaune
avec une garniture de rubans noirs.

Cette œuvre terminée, il exécuta dans le monastère de Sainte-Anne, qui appartient au même ordre et qui est distant de Monte-Olivetto de six milles seulement, *le Miracle des cinq pains et des deux poissons*. Puis, revenant immédiatement à Sienne, il peignit à fresque la façade d'Agostino dei Bardi, peintures remarquables, mais qui, déjà du temps de Vasari, avaient presque disparu, quoiqu'il y eût à peine cinquante ans qu'elles avaient été faites.

Vers ce temps revint dans sa ville natale un fameux banquier siennois, nommé Agostino Chigi, et, autant parce que le Razzi avait la réputation d'être un bon vivant que parce qu'il avait celle d'être un grand peintre, il voulut faire connaissance avec lui, et, cette connaissance faite, il lui proposa de le conduire à Rome, et de le présenter au pape Jules II, qui faisait alors faire les salles du Vatican. Le Razzi accepta. Chigi et lui arrivèrent à Rome, et Chigi fit si bien, qu'il obtint pour son protégé la promesse d'un travail. Cette promesse faite, restait à savoir quel travail on lui donnerait. Pérugin peignait alors au Vatican; mais, comme il était vieux, qu'en ses mains la besogne allait lentement, qu'il ne pouvait se mettre à un autre travail que lorsqu'il aurait terminé celui qui l'occupait, on donna au Razzi la seconde chambre qu'il devait faire, et qui était proche de celle où Pérugin travaillait.

Le Razzi mit aussitôt la main à l'œuvre, peignit d'abord les frises, les arabesques et les ornements, et, dans des médaillons, commença d'exécuter certaines peintures assez remarquables. Mais, pendant que, emporté par ses folies habituelles, par ses orgies journalières, et par ce laisser aller insoucieux, si familier à l'artiste, il laissait traîner son travail en longueur, Raphaël d'Urbin arriva à Rome avec Bramante, son oncle, qui venait diriger les travaux de la nouvelle église de Saint-Pierre. Bramante présenta son neveu à Jules II. Raphaël exécuta pour le pape quelques croquis, et, à la vue de ces seules ébauches, Jules II, appréciant l'admirable génie du nouveau venu, ordonna qu'à partir de ce jour non-seulement Pérugin et le Razzi cesseraient de travailler, mais que l'on détruirait même tout ce qu'ils avaient fait. Raphaël ne voulut point qu'une pareille insulte fût faite à l'art dans la personne de son maître et de son confrère ; il exigea que l'œuvre tout entière du Pérugin fût épargnée, et des peintures du Razzi il n'effaça que les médaillons, conservant tous les ornements qui sont autour des figures que fit Raphaël, lesquelles figures étaient la Justice, la Poésie, la Science et la Théologie : ce fut alors qu'Augustin Chigi, comprenant ses devoirs de protecteur, et voulant faire oublier au Razzi l'affront qu'il venait de subir, lui donna à peindre, dans son palais de la Farnesine, *les*

Noces d'Alexandre et de Roxane, et *la Famille de Darius.* Le premier tableau était si remarquable, que Vasari qui, de parti pris, attaque Razzi dans tout ce qu'il a fait, avoue que non-seulement cette fresque obtint un grand succès, mais encore qu'elle méritait ce succès.

Ce fut sur ces entrefaites et comme le Razzi venait d'achever ces deux fresques, que mourut Jules II et que Léon X fut nommé pape.

Cette mort et cette exaltation causèrent une grande joie au Sodoma : d'abord parce qu'il détestait Jules II ; ensuite parce que, connaissant les inclinations plus joyeuses et surtout plus libres de Léon X, il espéra arriver à jouir sous celui-ci d'un degré de faveur auquel il lui avait fallu renoncer sous le sévère Jules II. En effet, à peine eut-il été présenté par Augustin au nouveau pontife, que celui-ci lui commanda un tableau représentant l'antique Lucrèce se frappant d'un poignard. Or, sans doute, les études du nu qu'il avait faites dans le couvent de Monte-Olivetto avaient profité au peintre, car il réussit si admirablement le torse de la femme, et surtout cette tête agonisante qui rendait le dernier soupir, que le pape, enchanté de l'œuvre, nomma le Sodoma chevalier, et lui donna une somme d'argent considérable.

Alors le Sodoma revint à Sienne, sa patrie adoptive, pour y dépenser son argent à son goût et selon ses ha-

bitudes prises, et pour s'y glorifier de son nouveau titre. Mais l'argent s'écoula rapidement, et, comme sa
nouvelle noblesse ne donnait nullement au Sodoma de
quoi vivre, il lui fallut se remettre à l'œuvre. C'est
alors qu'il fit pour l'église Saint-François une *Déposition de croix*, qui fut placée à droite en entrant, et,
dans le cloître qui touche à cette église, un *Christ battu
de verges*. Dans ce dernier tableau, il plaça encore son
portrait avec les cheveux longs et la barbe rasée, chose
d'autant plus remarquable que Jules II avait fait, au
contraire, venir la mode de la barbe longue, et François Ier celle des cheveux courts.

Cette œuvre terminée, il fut appelé par Jacopo
Setto à Piombino, où il exécuta différents tableaux :
non-seulement ses tableaux lui furent largement
payés, mais encore Jacopo, qui connaissait les goûts
du Sodoma pour les choses extraordinaires, lui fit
don de plusieurs animaux plus petits que d'ordinaire,
l'île d'Elbe, qui lui appartenait, ayant ceci de particulier que toutes les races n'y arrivent qu'aux deux tiers
du développement qu'elles obtiennent dans les autres
pays. Razzi, enchanté, ramena toute sa ménagerie à
Sienne. Puis, monté sur un de ses petits chevaux cor-
ses, ayant son singe en croupe, il se rendit à Florence,
où l'appelait l'abbé de Monte-Olivetto, couvent du même
nom que celui dans lequel il avait déjà travaillé, mais

qui n'a aucun rapport avec lui, se trouvant hors de la
porte San-Friano. Il commença de faire, sur la façade du réfectoire, quelques peintures qui furent enle-
vées depuis. — Or, pendant ce temps, le hasard voulut
que vint le jour de courir le pallium de saint Barnabé.
Razzi, selon son habitude, courut sur un barberi, ayant
son singe en croupe, et, malgré cette double charge
imposée à son cheval, gagna le prix. Alors les enfants
qui se tenaient près du but, et qui reconduisaient d'ordinaire le pallium jusqu'à la maison du vainqueur à
grand bruit de vivats, de tambours et de trompettes,
demandèrent au Razzi son nom pour le célébrer dignement par leurs cris.

— Sodoma, répondit bravement le vainqueur.

Et aussitôt toute la foule se mit à crier :

— Viva Sodoma! viva Sodoma!

Razzi marchait fièrement en tête et menait le triomphe.

A ce cri étrange et inaccoutumé qui retentissait jusqu'au fond des maisons les plus retirées, quelques pu-
ritains s'émurent et vinrent jusque sur leur porte,
s'étonnant que l'on osât publiquement pousser le cri
qui avait attiré le feu du ciel sur une ville.

La rumeur augmenta à mesure que les cris redou-
blaient; enfin, les cris continuant, la moitié de Florence
se souleva, et peu s'en fallut que le cavalier, le cheval
et le singe ne fussent lapidés.

Cela n'empêcha point Razzi de courir le pallium, et, comme il avait toujours les meilleurs chevaux, de gagner force prix ; il avait donc chez lui tous ses étendards, preuve de ses victoires, les montrant à tous ceux qui le venaient voir, et les mettant à ses fenêtres les jours de fête, comme faisaient au moyen âge les seigneurs de leurs bannières.

Pour en revenir aux œuvres du Sodoma, il fit encore vers le même temps, pour la confrérie de Saint-Sébastien in Camollia, près de l'église des Umiliati, une toile à l'huile destinée à être portée en bannière, représentant un *Saint Sébastien nu,* lié à un arbre, qui, reposé sur la jambe droite et retirant la gauche, lève la tête vers un ange qui lui apporte du ciel la couronne du martyre. C'est une de ses plus belles œuvres, et certes des plus dignes d'être louées. Au revers est une Notre-Dame avec son fils dans ses bras, et à ses pieds saint Sigismond, saint Roch et plusieurs religieux. Quelques marchands lucquois voulurent payer cette toile trois cents écus d'or ; mais la confrérie refusa de la vendre, ne voulant pas déshériter le couvent d'un pareil chef-d'œuvre.

Sodoma continua de vivre de la même vie capricieuse et fantasque, au milieu de ses animaux, dont, à chaque occasion, il augmentait le nombre : se reposant dans son insoucieuse oisiveté dès qu'il avait gagné quelque argent, ne se remettant au travail que lorsque l'argent manquait. C'est ainsi qu'il fit, dans la sacristie des frères del Carmine, une *Nativité de Notre-Dame ;* sur la place des Ptolémées, pour la confrérie des cordonniers, une *Madone avec l'Enfant Jésus dans ses bras,* entourée de saint Jean, de saint François, de saint Roch et de saint Crépin, patrons de la compagnie; dans le palais de la Seigneurie de Sienne, des tabernacles pleins de colonnettes et d'enfants, avec quelques figures d'adultes, parmi lesquelles un *Saint Victor armé de toutes pièces,* l'épée nue à la main, qui est une des belles choses qu'ait faites le Sodoma; enfin, dans le bas du même palais, un *Christ qui ressuscite,* et, un peu plus loin, une *Madone avec l'Enfant Jésus dans ses bras.*

Ce fut vers ce temps qu'arriva au Sodoma l'aventure du soldat espagnol qui lui valut, de la part du gouverreur de Sienne, la commande des fresques de la chapelle Saint-Jacques dans l'église du Saint-Esprit.

En outre, il fit, dans le dôme de Sienne, une peinture qui existe encore, à droite en entrant, et qui représente *Notre-Dame ayant son fils sur ses genoux,* saint Joseph d'un côté et saint Calixte de l'autre; pour la confrérie de la Trinité, une bière à porter les cadavres, et qui se conserve de nos jours dans la sacristie de la paroisse de San-Donato ; enfin, une autre pour la confrérie de la Mort, que Vasari, tout hostile qu'il est au Sodoma, estime la plus belle qui se puisse voir.

Cela nous pousserait trop loin de suivre le Sodoma tableau par tableau, et ferait dégénérer cette notice en catalogue ; contentons-nous donc de dire que la vieillesse ne le guérit point de son caractère capricieux, et que, la maladie dont il mourut l'ayant pris sans regrets, sans remords et sans argent, il se fit philosophiquement transporter au grand hôpital, où il trépassa le 14 février 1549.

Vasari le fait vivre cinq années de plus, c'est-à-dire jusqu'en 1554.

En 1509, le Sodoma avait épousé Béatrix de Luca Galli, dont il eut une fille ; mais, n'ayant point trouvé dans sa femme les qualités d'esprit qu'il eût désiré lui voir, il la prit en dégoût et s'éloigna d'elle, de sorte qu'elle vécut toujours du travail de ses mains et de l'argent de sa dot.

BACCIO BANDINELLI

Michel-Ange venait de terminer son admirable carton de *la Guerre contre les Pisans*, qui avait été placé dans la grande salle des Médicis, et qui était devenu, pour ainsi dire, le pôle où tendaient tous les grands peintres de l'époque.

Parmi les élèves qui venaient étudier le maître, parmi ces nombreux pélerins qui venaient visiter le dieu, il devait y avoir, sous les dehors de l'admiration, bien des haines cachées, bien des jalousies couvertes. L'œuvre n'en restait pas moins une chose immense de pensée et d'exécution, et, si puissantes que fussent ces jalousies, il fallait bien les taire.

Cependant, un soir de l'année 1512, à l'époque de la révolution qui chassa le gonfalonier Pierre Soderini et rappela les Médicis, un homme s'introduisit, à l'aide d'une fausse clef, dans la salle qui renfermait le carton, et, quand il se trouva seul là où la foule venait chaque jour, quand il se fut assuré que nul ne pouvait le voir, il mit en pièces le carton de Michel-Ange! Était-ce une haine particulière qui le poussait? Nous l'ignorons. Seulement, lorsque, le lendemain, on revint, comme d'habitude, pour étudier ou pour voir, on ne trouva plus que les morceaux de l'œuvre, et, lorsqu'on demanda qui avait commis ce sacrilége, on répondit :

— Baccio Bandinelli.

Et cependant c'était un des admirateurs les plus chauds, un des élèves les plus ardens du vieux maître ; car, chaque jour, il venait puiser pour lui un peu de cette inspiration large et poétique que Michel-Ange avait versée à grands flots dans ce dessin.

Peut-être voulut-il s'approprier ces morceaux du carton pour pouvoir les étudier seul. Il vaut mieux encore croire que ce fut son amour pour l'art, que sa haine pour l'homme, qui lui fit commettre ce qu'on peut appeler un crime; mais, quelle qu'ait été la cause de cette action, toujours est-il que l'art fit une perte immense.

C'est que ce fut toujours un homme envieux et jaloux que le fils de l'orfévre Michel-Agnolo de Viviano ; c'est que, malgré un talent incontestable dans toutes les parties de l'art qu'il tenta, il trouva toujours quelqu'un au-dessus de lui ; et que, comme ce fut surtout à la sculpture qu'il se livra, il est tout naturel qu'il ait haï Michel-Ange. Il était né en 1487, et son père l'avait mis à dessiner avec ses apprentis ; il allait souvent avec Piloto, qui devint un orfévre célèbre, étudier dans les églises, et modela aussi quelques ouvrages de Donato et de Verocchio. La première preuve qu'il donna de son talent est un *Marforio*, qu'il exécuta en neige, étant encore tout jeune.

Ainsi que nous l'avons dit, c'est la sculpture qu'il préférait à tout, et les premiers ouvrages qu'il étudia furent ceux de fra Felippo Lippi, à Prato. Alors, de l'atelier de son père, il passa dans celui de Francesco Rustici, et, d'orfévre, devint sculpteur. C'est là qu'il connut Léonard de Vinci, à qui il montra ses premiers dessins, et qui l'engagea à exécuter en marbre une tête ou un bas-relief. Il copia alors une tête antique qui se trouvait dans le palais Médicis, et Andrea Camesecci plaça cette copie sur la porte du jardin de sa maison ; puis, son père lui ayant fait venir des blocs de marbre de Carrare, d'un de ces blocs il tira un *Hercule terrassant Cacus.*

La révolution de 1512 arriva, et, comme nous l'avons raconté, ce fut à la haine de Baccio Bandinelli qu'on dut la perte du carton de Michel-Ange. C'est qu'une fois son premier pas fait dans l'art, il crut qu'il pourrait tout de suite, non-seulement atteindre le grand maître, mais même le surpasser, et à la haine des autres il joignait, comme on voit, la vanité de soi-même. Ainsi, à partir de cette époque, ce fut contre Buonarotti une lutte continuelle ; non pas cette lutte noble d'artiste à artiste, de gloire contre gloire, mais la lutte basse et rampante de la haine contre le talent, de l'envie contre le nom.

Lui aussi fit plusieurs cartons au charbon, entre autres une *Cléopâtre* qu'il donna à Piloto l'orfévre ; puis, d'après ces cartons, il voulut se mettre à peindre ; mais il ne savait tenir ni une brosse ni une palette, et cependant il voulait faire croire qu'il avait découvert seul les ressources de l'art. Il s'en alla donc trouver Andrea del Sarto et le pria de lui faire son portrait à l'huile, espérant pouvoir lui dérober ses secrets en le voyant travailler. Andrea y consentit tout de suite ; mais il avait deviné la basse ruse dont Baccio voulait se servir ; aussi, au lieu d'établir ses tons sur une palette, il attaqua si hardiment ses couleurs, que le scuplteur n'y comprit absolument rien. Alors, celui-ci eut recours au Rosso et lui exposa franchement ce qu'il désirait. Ils se mirent à travailler ensemble, et, quand Baccio se crut assez fort pour travailler seul, il exécuta deux tableaux à l'huile : *les Saints Pères retirés des limbes par le Sauveur*, et *Noé ivre devant ses enfants ;* puis il tenta encore quelques essais qui ne lui réussirent pas, et alors il abandonna tout à fait la peinture.

On voit, dans les commencements de la vie de cet homme, un tâtonnement dans tous les arts, un essai dans tous les genres, non par amour, mais par haine ; non pas parce que ces arts étaient beaux, mais parce que ceux qui les exerçaient étaient grands, parce qu'à chaque essai qu'il faisait, soit en peinture, soit en orfévrerie, soit en sculpture, ceux qui jugeaient lui répondaient toujours par un nom supérieur au sien. On pourrait croire que ce fut de l'émulation, s'il n'y avait pas la destruction du carton de Michel-Ange pour prouver que c'était de l'envie. Ce n'était pas à côté des grands hommes qu'il voulait marcher, c'était en travers. Ce n'était pas pour aller aussi vite qu'eux qu'il travaillait ainsi, c'était pour les empêcher d'avancer.

Il en était donc revenu à la sculpture, et la première chose qu'il exécuta fut un *Mercure tenant une flûte en main*. En 1530, cette statue fut envoyée au roi de France. Il produisit encore une foule de dessins ; et une *Cléopâtre nue*, que lui grava Agostino de Venise, lui fit grand honneur, ainsi que quelques études anatomiques. Il modela encore un *Saint Jérôme*, que Léonard de Vinci et tous les artistes proclamèrent un chef-d'œuvre.

Baccio fut constamment soutenu par Léonard de Vinci, qui devait avoir intérêt à le pousser devant Michel-Ange. C'était, en effet, une époque de lutte continuelle, où un grand nom ne pouvait exister qu'à condition qu'il tuerait les autres. Raphaël était venu avant la fin du Pérugin. Michel-Ange avait dépassé Ghirlandajo et repoussé en arrière Léonard de Vinci, comme celui-ci avait repoussé Andrea del Verocchio. C'était une marche rapide et précipitée, à la tête de laquelle il fallait se placer. Le grand Buonarotti les avait tous dépassés du pas, comme il les dépassait du front, et c'était à cet homme puissant que venait s'attaquer Bandinelli ; c'était contre cette vérité incontestable qu'il se dressait ; c'était à ce travail patient et continu qu'il venait opposer sa ruse basse et rampante ; tout en luttant contre l'homme, il suivait la route tracée par l'artiste, et, en marchant éternellement derrière Michel-Ange, il ne servait qu'à le prouver davantage. A toute cette haine, à toute cette envie, qui ne pouvait l'atteindre, Michel-Ange restait impassible et fier, n'écoutant point les cris d'en bas, et ne voyant que les révélations d'en haut, trop occupé de son œuvre immense pour sentir les morsures de serpent, et méprisant cette foule dont le murmure se perdait avant d'arriver à lui.

La postérité, qui juge d'après ce qu'elle voit, qui n'assiste pas à cette lutte de chaque jour, qui prend les œuvres des artistes en laissant de côté les passions des hommes, sait toujours assigner à chacun la place qu'il mérite. Elle voit tous ces noms se presser, se confondre, se vaincre quand ils vivent ; mais, une fois que le temps a fait des cadavres de tous ces hommes, elle prend ce qui reste, et, comme à l'heure de la résurrection éternelle, elle juge et récompense. Ainsi, elle laisse le Pérugin et Raphaël marcher à côté l'un de l'autre, le premier avec toute sa pureté, le second avec tout son charme ; elle laisse Michel-Ange aller seul dans sa gloire comme il allait seul dans sa vie ; et, quand, à côté du nom de Michel-Ange, elle trouve celui de Baccio Bandinelli ; quand elle voit que les passions de l'homme ont trop influé sur la vie de l'artiste, elle fait deux parts du cadavre, elle les anatomise et elle dit : « Voilà par où l'artiste fut grand ; voilà par où l'homme fut petit. »

Ainsi, Bandinelli n'avait que dix-neuf ans, que déjà, comme dessinateur, il avait dépassé Andrea del Sarto et le Rosso. Léonard de Vinci lui avait promis un grand avenir, il n'avait donc qu'à marcher sans haine et sans crainte ; et c'était déjà bien assez d'aller à côté de Michel-Ange, sans vouloir passer devant lui. Mais à ce commencement de gloire succéda l'envie, qui influa sur son talent, qui le détourna de la route qu'il eût pu suivre, et il avait déjà fait une mauvaise action avant d'avoir accompli une grande œuvre.

Et cependant, à côté de lui, tous, sans jalousie, avaient tracé leur chemin, avaient établi leur but. Raphaël, Titien, Bartolomeo, Andea del Sarto, Jules Romain, Primatice, Benvenuto Cellini, — cet autre antagoniste qu'il rencontra par la suite, mais qui, moins impassible que le grand vieillard, voulut se débarrasser de lui à sa manière, — concentrant toutes leurs forces dans leur talent, tout leur amour dans leur art, accomplissaient silencieusement leur tâche. Lui seul voulut combattre... Qu'en résulta-t-il? Il fut exécré de ses contemporains, et la postérité ne lui tint aucun compte de ses efforts; car elle s'inquiète peu des nains qui tournent autour d'un géant; et, quand elle regarde les merveilles de Michel-Ange, elle ne se retourne pas pour chercher ce qu'a fait Bandinelli.

Cependant, comme nous ne sommes pas la postérité, mais que nous sommes simplement l'historien d'un homme, nous nous contenterons de le suivre dans sa carrière d'artiste, de mettre une étiquette sur ce qu'il a exécuté, de classer ses œuvres; puis, après, de juger l'homme si nous en avons le temps.

En 1513, Julien lui confia l'exécution d'un *Saint Pierre* haut de quatre brasses et demie pour l'église de Santa-Maria-del-Fiore; mais il ne termina cette commande qu'en 1565, à l'époque du mariage de la reine Jeanne d'Autriche.

En 1515, Léon X passa à Florence, et Baccio dut faire, sous l'arceau de la galerie, près du palais, un

Hercule colossal, haut de neuf brasses et demie. Le *David* de Michel-Ange, ce tour de force que le grand sculpteur avait accompli, poursuivait la vanité de Baccio ; mais, comme il ne pouvait s'en défaire ainsi que du carton, il crut pouvoir l'attaquer en face, et au *David* il opposa son *Hercule*. Le David de marbre tua Hercule, comme, vivant, il avait tué Goliath.

Alors Baccio se rendit à Rome pour présenter au pape le modèle d'un *David coupant la tête du géant*, qu'il voulait exécuter en bronze ou en marbre et placer dans la cour du palais des Médicis, à la place de celui de Donato. Le pape trouva le modèle fort beau ; cette fois, l'œuvre succomba, non pas sous celle du maître, mais sous elle-même ; car le pape, qui ne jugeait pas le moment opportun pour faire jeter le modèle en bronze, avait envoyé Baccio chez Andrea Conticchi, de Monte-Sansavino, à qui il avait confié la direction des ornements et des statues de marbre de la chapelle de Nostra-Donna-de-Loretto. Andrea accueillit fort bien Baccio et lui donna à exécuter *la Nativité de la Vierge*. Après avoir terminé une maquette, Baccio commença son ébauche ; mais il ne put s'accorder avec Andrea, blâma son dessin et critiqua ses œuvres.

— Il faut agir avec la main et non avec la langue, lui dit sévèrement maître Andrea, et il ne suffit pas de dessiner sur le papier, il faut encore dessiner sur le marbre. A l'avenir, Baccio, parlez des autres avec plus de circonspection.

Baccio répondit par des injures et Andrea voulut le tuer. Pareille affaire devait lui arriver plus tard avec Benvenuto Cellini. Baccio se réfugia à Ancône, où Rafaello da Monte-Lupo acheva son ébauche, dont il était dégoûté.

D'Ancône, Bandinelli revint à Rome, et obtint du pape quelques statues à faire pour le palais des Médicis à Florence.

Il exécuta en marbre un *Orphée* qui, par les sons de sa lyre, adoucit Cerbère; il imita l'*Apollon du Belvédère* dans son ensemble.

Benedetto da Rovezzano fit un piédestal pour cette statue, qui fut placée, par l'ordre du cardinal Jules, dans la cour du palais des Médicis.

Baccio exécuta encore deux statues colossales pour la Vigna de Monte-Mario, et, immédiatement après, il fit *le Massacre des Innocents*.

Ici, l'artiste est vraiment grand, et sa réputation, qui ne s'était encore répandue qu'en Itatalie, s'étendit dans toute l'Europe.

Puis il fit le modèle en bois et les figures en cire du mausolée du roi d'Angleterre, qui fut jeté en bronze par Benedetto da Rovezzano.

A cette époque, deux ambassadeurs de François Ier

virent les statues du Belvédère et admirèrent beaucoup
le *Laocoon*. Les cardinaux Médicis et Bibbiéna, avec
qui ils se trouvaient, leur promirent d'intercéder auprès du pape pour que Sa Sainteté envoyât au souve-
rain français quelques morceaux précieux.

Ils proposèrent même le groupe du *Laocoon* et demandèrent aux ambassadeurs s'il serait agréable au roi.
Ils répondirent qu'un tel présent serait d'un trop grand
prix ; alors un des cardinaux dit :

— Eh bien, on enverra à Sa Majesté ou celui-là ou
un autre parfaitement semblable.

Et ils firent demander à Baccio s'il se sentirait le
courage de le copier. Celui-ci répondit que non -seule-
ment il ferait un groupe aussi beau, mais qu'il espérait encore le surpasser. Il exécuta tout de suite un
modèle en cire, et, lorsque les marbres furent arrivés,
il se fit construire un atelier au Belvédère et se mit à
l'œuvre.

Sur ces entrefaites, Léon X mourut empoisonné, et
Adrien VI, le pape du hasard, lui succéda. Baccio partit pour Florence, laissant son ouvrage inachevé, comme
tous les ouvrages qu'on avait commencés quand
Adrien VI monta sur le trône pontifical. Enfin, Clément VII remplaça Adrien , et, pour son couronnement, il commanda des statues et des bas-reliefs à Baccio, qui se remit à son *Laocoon*.

II.   7

À ce moment, Titien fit paraître un dessin gravé sur bois, représentant trois singes enveloppés par des serpents.

Baccio termina son groupe, qui plut tellement à Clément VII, que celui-ci préféra donner des statues antiques au roi de France, et garder la copie de Bandinelli. Il exécuta ensuite *le Martyre de saint Côme et de saint Damien*, celui de *Saint Laurent, condamné par Décius à être grillé*. Ce dessin lui valut le titre de chevalier de Saint-Pierre.

Bandinelli revint à Bologne, où, pour lutter avec son premier maître, Francesco Rustici, qui peignait *la Conversion de saint Paul*, il fit un *Saint Jean dans le désert*, qu'il exposa dans la boutique de son père. Le dessin en était assez beau ; mais, cette fois encore, la peinture tua le dessin.

Une nouvelle occasion de nuire à Michel-Ange se présenta bientôt, et Baccio la saisit avec empressement. Sous le pontificat de Léon X, on avait tiré de Carrare un bloc de marbre haut de neuf brasses et demie et large de cinq, dont Buonarotti devait faire un *Hercule colossal terrassant Cacus*, qui serait le pendant de son *David*. Léon X vint à mourir ; le travail resta inachevé, et, Clément VII, quand il fut élu pape, fit venir de nouveaux marbres pour les tombeaux des Médicis, dans la chapelle de San-Lorenzo. — Domenico Buoninsegni , chargé des affaires de Sa Sainteté, proposa à Michel-Ange de surfaire le compte des marbres nouvellement arrivés, et de ceux qui étaient destinés à la chapelle de San-Lorenzo. Michel-Ange refusa, et s'attira ainsi la haine de Dominique, lequel intrigua si bien auprès de Clément VII, que le marbre échut à Baccio, qui fut envoyé à Carrare pour l'examiner. Les directeurs de Santa-Maria-del-Fiore devaient le conduire par eau jusqu'à Signa. Arrivé à huit milles de Florence, le bloc tomba dans le fleuve, au moment où l'on allait le débarquer, et il s'enfonça dans le sable à une telle profondeur, que les plus habiles architectes ne savaient quel moyen employer pour le retirer. Enfin Piero Rosselli détourna le cours de l'Arno, creusa le lit du fleuve, et, à l'aide de grues et de leviers, conduisit le bloc à terre.

Pendant qu'on retirait le marbre de l'eau, Baccio s'aperçut qu'il n'était pas d'une dimension à lui permettre d'exécuter les figures de son modèle. Il prouva au pape qu'il était forcé d'abandonner son premier dessin. Il en fit d'autres, et Sa Sainteté choisit celui qui représentait Hercule tenant Cacus par les cheveux. Baccio revint à Florence, trouva le marbre rendu heureusement dans l'œuvre de Santa-Maria-del-Fiore et attaqua son bloc.

Il voulut ensuite peindre un *Christ mort* environné des trois Maries, de Nicodème et de plusieurs autres personnages ; mais il ne put en faire que le carton. Il exposa au Marché-Neuf, dans la boutique de Giovanni de Goro, son ami, une *Déposition de croix* où l'on voyait le Christ entre les bras de Nicodème, la Vierge fondant en larmes, et un ange tenant les clous et la couronne d'épines.

Michel-Ange vint voir ce tableau avec l'orfévre Piloto, et se contenta de dire que Baccio n'était pas né pour être peintre. Baccio fut forcé de s'avouer vaincu, et renonça définitivement à la peinture. Alors il prit avec lui un frère du Franciabigio, nommé Agnolo, et lui fit peindre le *Christ mort environné des trois Maries ;* puis, en 1527, craignant la haine d'un de ses voisins, homme influent dans le parti populaire, il quitta Florence et se réfugia à Lucques.

Pendant ce temps avait eu lieu la ligue de Clément VII contre Charles-Quint, et l'empereur impie avait fait prisonnier le pape rebelle. Rome fut prise d'assaut et pillée par ceux du connétable de Bourbon ; mais Charles-Quint, en apprenant la nouvelle de cet événement, désavoua l'action du connétable, prit le deuil et le fit prendre à sa cour ; ce qui ne l'empêcha pas de retenir son saint prisonnier au château Saint-Ange, d'où il ne le laissa partir que moyennant une rançon que promit Sa Sainteté. C'était la seconde fois qu'il abandonnait un prisonnier sur une simple promesse, et la première ne lui avait pourtant pas assez bien réussi pour qu'il se fiât à la seconde. Quand le pape rentra dans Rome, il oublia, comme François Ier avait oublié en rentrant en France ; seulement, il oublia un peu moins, et l'empereur espagnol reçut le quart des quatre cent mille écus d'or.

De retour à Rome, le pape voulut accomplir un vœu qu'il avait fait dans sa prison ; car, s'il ne payait pas aux hommes, il payait à Dieu.

Il fit donc demander à Baccio le modèle d'un *Saint Michel* armé d'une épée et environné de sept grandes statues représentant les sept péchés capitaux. Bandinelli se mit à l'œuvre dans une salle du Belvédère, et commença un figure fort belle ; puis il fit jeter en bronze une foule de figurines, des *Vénus*, des *Hercule*, des *Apollon*, des *Léda*, qu'il donna au pape et aux seigneurs de la cour.

Puis, lorsque Charles-Quint vint à Gênes, il lui offrit une *Descente de croix* en demi-relief, et joignit au titre de chevalier de Saint-Pierre, que lui avait donné Sa Sainteté, une commanderie de Saint-Jacques, que lui accorda l'empereur. La république de Gênes, en souvenir des services que le prince Doria avait rendus à sa patrie, demanda au sculpteur une statue de Neptune, haute de six brasses ; Baccio reçut cinq cents florins à l'avance, sur mille qu'on lui alloua, et il se rendit à Carrare, pour commencer son ébauche dans la carrière del Polvaccio.

Après la fuite des Médicis, on avait conseillé à Michel-Ange de s'emparer du bloc de marbre que Baccio avait à peine ébauché pour son *Hercule terrassant Cacus*.

Buonarotti voulait s'en servir pour représenter *Samson terrassant mille Philistins avec une mâchoire d'âne*; mais, après avoir été surintendant et commissaire général des fortifications de Florence, Michel-Ange fut forcé de quitter cette ville avec deux des siens, et il se rendit à Venise. Puis, quelque temps après, il se laissa fléchir et revint à Florence, où il reprit ses travaux de défense. Lorsque la paix fut conclue, lorsque Clément VII, comme nous l'avons dit, fut remonté au trône pontifical, Michel-Ange reçut du pape l'ordre de travailler à la sacristie de San-Lorenzo, et Baccio, celui d'achever son *Hercule*. Bandinelli, pour s'attirer les bonnes grâces de Clément VII, lui envoyait toutes les semaines des rapports odieux sur les magistrats et les citoyens. Cette conduite, jointe à ses antécédents, augmenta encore le nombre de ses ennemis, qui usèrent de tout leur crédit auprès du duc Alexandre pour mettre obstacle à l'achèvement de son groupe; mais, à cette époque, il y eut, après la guerre de Hongrie, une conférence à Bologne entre le pape, Charles-Quint, Hippolyte de Médicis et le duc Alexandre.

Baccio était aussi politique que méchant. Il avait compris que tout était perdu s'il ne frappait pas un grand coup. Il profita donc de l'occasion et courut s'agenouiller et baiser les pieds de Sa Sainteté, en lui offrant un très-beau *Christ flagellé à la colonne*, demi-relief, d'une brasse de hauteur sur une brasse et demie de largeur, et une médaille faite par son ami Francesco del Prato, représentant d'un côté le portrait de Clément VII, et de l'autre le Christ flagellé. La ruse réussit : le pape agréa le double cadeau, et l'artiste sauva l'homme.

Le pape avait donné à faire à Michel Agnolo, père de Bandinelli, une grande croix en argent, ornée de bas-reliefs représentant *la Passion de Notre-Seigneur*, pour les marguilliers de Santa-Maria-del-Fiore. Quand l'orfévre mourut, l'ouvrage était inachevé; il passa, avec bon nombre de matières d'argent, dans les mains de son fils, qui supplia Clément VII d'en confier l'achèvement à Francesco del Prato, qui l'avait accompagné à Bologne. Malheureusement pour ce nouveau calcul du sculpteur, qui voulait d'abord se faire rembourser les travaux de son père, et ensuite gagner quelque chose sur ceux de Francesco, l'Église, qui avait été dépouillée pendant la guerre, avait besoin d'argent, si bien que le pape fit fondre toutes ces matières et renvoya Baccio achever son groupe à Florence.

Il n'y a pas, dans la vie de cet homme, un seul pas qui ne tende à un calcul ou à une méchanceté. Il avait reçu cinq cents écus sur la statue qu'il devait faire pour la ville de Gênes, et il ne l'avait pas achevée. Aussi, au moment de son départ, le cardinal Doria vint-il le trouver en le prévenant que, s'il tombait dans les mains d'André Doria, celui-ci lui ferait tenir sa promesse aux galères. Baccio répondit qu'il avait à Florence un marbre qu'il destinait à cette statue, et le cardinal le laissa partir tranquillement.

Arrivé à Florence, il travailla à son *Hercule*, qu'il acheva en 1531. Mais, soit haines particulières, soit que l'œuvre ne fût pas bonne, on disait tant de mal de cette statue, que le duc Alexandre n'osait la livrer au public. Baccio eut recours au pape, lequel écrivit au duc de fournir au sculpteur tout ce qui lui serait nécessaire.

Le groupe fut placé sur un piédestal en marbre, et transporté à la place qui lui était destinée. Là, les critiques, qui, jusque-là, n'avaient pu que murmurer, éclatèrent tout à coup. Le malheureux *Hercule* était trop voisin du *David* de Michel-Ange ; la différence était trop palpable : Baccio fut forcé de faire entourer son groupe de planches et de le retoucher, et, quand la foule fut nombreuse, un homme se mêla à tous ceux qui critiquaient, recueillant les critiques, et, le soir, il alla les répéter à Baccio.

— Eh bien, qu'a-t-on dit? demanda le sculpteur à cet homme.

— Rien de bon, répondit celui-ci.

— Ainsi ce groupe...?

— Ne plaît à personne.

— Et toi, qu'en penses-tu ?

— Moi, pour ne pas faire comme les autres, et pour vous faire plaisir, dit le bonhomme, j'en penserai du bien.

— Je ne veux pas que tu en penses du bien, répliqua Baccio ; moi, je n'en pense de personne, nous serons quittes.

Quoiqu'il cachât sa douleur, cette critique unanime le faisait cruellement souffrir. Clément VII, pour le dédommager, lui donna un domaine qui touchait à sa terre de Pinquimonte; mais Baccio avait, au milieu de toutes ses affaires, oublié André Doria. Celui-ci se souvenait, lui, et était homme à se souvenir longtemps; en sorte qu'il fit menacer Baccio, par le duc Alexandre, de toute sa colère, s'il ne venait pas terminer sa statue. Le pauvre Bandinelli ne se souciait pas d'aller à Carrare; mais le cardinal Cibo et le duc Alexandre l'y déterminèrent, et il partit. Une fois arrivé, non-seulement il ne travaillait pas, ou du moins travaillait peu au *Neptune,* mais encore il disait beaucoup de mal d'André Doria. Ceux qu'il avait pris pour confidents étaient des espions du prince, si bien qu'un jour Baccio n'eut que le temps d'abandonner tout et de revenir à Florence.

A son retour, il eut, d'une femme avec laquelle il vivait, un enfant qu'il nomma Clément.

Le pape venait de mourir, et, en 1534, Paul III — le pape infâme, qui avait livré sa sœur à Alexandre VI, — lui succéda.

C'était un homme honteusement dépravé que cet Alexandre Farnèse, qui, marié déjà à une dame de Bologne, eut d'elle deux enfants, dont l'une, Constance, fut sa concubine, qu'il fit épouser ensuite à un Sforze.

Les exécuteurs testamentaires de Clément VII, les cardinaux Hippolyte de Médicis, Cibo, Salviati, Rodolphe et messer Baldassare Tarini da Pescia, voulurent faire placer son tombeau dans l'église de la Minerva, à côté de celui de Léon X. Le cardinal de Médicis fit confier l'exécution de ces deux mausolées à Alfonso Lombardi, sculpteur ferrarais. Alfonso avait fait les modèles et attendait l'ordre d'aller chercher à Carrare les marbres nécessaires, quand, en se rendant auprès de Charles-Quint, Hippolyte de Médicis mourut empoisonné. L'occasion était trop belle pour que notre Baccio n'en profitât pas. Il partit donc pour Rome, et courut tout droit chez Lucrezia Salviata de Médicis. C'était l'époque où Philippe Strozzi, Antonio Francesco degli Albezzi, et d'autres exilés florentins, se réunissaient tous les jours dans les appartements du cardinal Salviati pour chercher les moyens de déterminer l'empereur Charles-Quint, qui était à Naples, à agir contre le duc Alexandre. Le cardinal, aux sollicitations de Lucrezia Salviata, avait promis une audience au sculpteur florentin, si bien que Baccio ne sortait pas plus du palais que les exilés, et que ceux-ci, qui, comme tous les conjurés, voient toujours un espion dans un inconnu, résolurent de se défaire de Bandinelli, qu'ils ne connaissaient pas. Heureusement pour lui, il n'eut plus besoin de revenir au palais, et s'arrangea avec deux autres cardinaux ; mais il n'obtint qu'une partie de ce qu'il voulait avoir. Antonio di San-Gallo fut choisi pour dessiner les mausolées, et le sculpteur Lorenzello pour surveiller la taille des marbres. Il resta donc à Bandinelli l'exécution des statues et des bas-reliefs.

Lorsqu'il eut fini ses modèles, il alla les porter aux cardinaux Cibo, Salviati et Baldassare Tarini, qui dînaient dans le jardin du cardinal Ridolfi. Pendant qu'il était là, le sculpteur Solosmeo, qui n'aimait personne en général, et qui détestait Baccio en particulier, arriva chez le cardinal. Celui-ci ordonna de l'introduire, et dit à Bandinelli de se cacher et d'écouter ce que le nouveau venu allait dire de ses modèles. On donna à boire à Solosmeo, et à peine l'eut-on mis sur le chapitre des tombeaux, que

la chose commença. D'abord, il reprocha aux cardinaux d'en avoir confié l'exécution à un pareil ignorant;
à ce mot, il joignit celui d'avare, puis celui d'insolent ;
et les épithètes de ce genre se succédèrent avec une ra-
pidité prodigieuse. Baccio n'y tint pas, et sortit furieux
de l'endroit où il était caché, en s'écriant :

— Que t'ai-je fait pour parler ainsi de moi ?

Le pauvre Solosmeo était interdit, il ne savait que
répondre. Que faire alors ? Il prit le parti le plus sage,
celui de se sauver, tout en disant :

— Par le ciel ! je ne veux plus avoir affaire à des
prêtres.

— Tâche de démentir tout cela, dit Ridolfi à Baccio.

— Oui, monseigneur, répondit le sculpteur.

Mais c'était un de ces *oui* invraisemblables, une de
ces promesses impossibles comme en faisait souvent
Baccio, et non-seulement il ne fit pas oublier les épithètes injurieuses de Solosmeo, mais il fit tout ce qu'il
put, au contraire, pour en augmenter la force et le
nombre ; et, quand il eut reçu l'argent qu'il devait recevoir, il abandonna les statues inachevées et entra au
service du duc Côme. Les cardinaux adjugèrent alors
la statue de Léon à Rafaelo de Montelupo, et celle de
Clément à Giovanni di Baccio.

Le Tribolo était allé à Carrare chercher les marbres
pour le tombeau de Jean de Médicis, père du duc

Côme. On pouvait être sûr d'avance que Baccio s'ef-
forcerait de lui enlever cet ouvrage ; il y réussit.
Pour exécuter son mausolée, il lui échut plusieurs
marbres que Michel-Ange avait laissés à Florence.
Parmi ces marbres, il s'en trouvait que le grand Buonarotti avait ébauchés. Aussi, la première chose que fit
Baccio fut de les détruire, ainsi que le groupe d'*Hercule et Antée*, que fra Giovanni Agnolo avait déjà
presque terminé. Enfin, il construisit le soubassement
du tombeau, qui consiste en un dé isolé posé sur un
socle et surmonté d'une cimaise au-dessus de laquelle
est un amortissement formant frise et orné de crânes
de chevaux réunis par des draperies. Venait ensuite un
autre dé plus petit, occupé par la statue de l'invincible
Jean de Médicis, armé à l'antique, et tenant à la main
le bâton de général. Un bas-relief représentait le seigneur Jean, entouré de soldats, de prisonniers et de
femmes nues. Dans cette composition, Baccio introduisit
une figure portant un cochon sur son épaule. C'était, à
ce qu'il parait, un trait de satire lancé contre Baldassare
da Pescia, qui avait fait donner à d'autres sculpteurs,
comme nous l'avons déjà dit, les statues de Léon et de
Clément, dont lui, Bandinelli, avait d'abord été chargé.

Baccio était l'homme des longues entreprises, non
pas parce qu'elles pouvaient lui donner beaucoup de
gloire, mais parce qu'elles devaient lui rapporter beau-

coup d'argent ; puis, quand prince ou duc, pape ou roi,
avait donné à l'artiste les travaux à faire, Baccio s'ef-
forçait de faire oublier ces travaux en disparaissant tout
bonnement, comme il avait fait pour André Doria , c'é-
tait ce qu'on peut appeler une banqueroute d'art, et,
comme jusque-là elle lui avait parfaitement réussi, il en
essaya encore une fois auprès du duc Côme.

Le duc avait quitté le palais des Médicis pour revenir
habiter avec la cour celui de la Piazza, où siégeait autrefois le gouvernement. Baccio conseilla à Côme de faire
faire dans la salle d'audience une décoration de trente-
huit brasses de largeur sur dix-huit de hauteur en
pierre de Fossato et en marbre. Voici la description
qu'en donne Vasari :

« Le mur du fond devait être occupé par trois grands
arcs, dont deux eussent servi de fenêtres, et eussent
été décorés dans leur épaisseur de quatre colonnes,
avec une archivolte ornée de consoles pour former le
cintre. Ces colonnes enrichissaient à la fois l'extérieur
du palais et l'intérieur de la salle. L'arcade du milieu,
qui renfermait une niche et non une fenêtre, était accompagnée de deux autres niches semblables, l'une au
couchant, et l'autre au levant, ornées de quatre colonnes
corinthiennes hautes de dix brasses. Dans les vides
laissés par les pilastres qui portaient l'entablement, des
niches hautes de quatres brasses et demie auraient ren-

fermé des statues comme la grande niche du fond et les
deux niches latérales. Baccio et Giuliano avaient encore
des projets plus vastes et plus dispendieux pour la décoration extérieure du palais. La salle étant de biais, il
fallait la mettre d'équerre en dehors, et pratiquer à cet
effet une saillie de six brasses au pourtour des façades
du vieux palais, avec des colonnes hautes de quatorze
brasses qui en soutenaient d'autres entre lesquelles
étaient les arcades qui dominent la galerie où se trou-
vent les géants et la terrasse. Au-dessus, une autre distribution de pilastres, avec le même ordre d'arcades,
devait porter un dernier ordre d'arcs et de pilastres
dans le genre d'un théâtre. Enfin, tout le dessus aurait
été couronné d'une espèce d'entablement crénelé. Baccio et Giuliano, craignant que cet immense projet n'ef-
frayât le duc, résolurent de ne lui parler d'abord que
de la décoration intérieure de la salle d'audience et de
la façade en pierre de Fossato, du côté de la place. Les
plans et les dessins furent exécutés par Giuliano, et pré-
sentés au duc par Baccio, qui lui montra que l'une des
grandes niches latérales renfermerait Léon ramenant la
paix en Italie, et l'autre Clément VII couronnant l'empereur Charles-Quint. Les sujets qui auraient décoré
les petites niches devaient rappeler les grandes actions
de ces papes. Les statues en pied de Jean de Médicis,
du duc Alexandre et du duc Côme, accompagnées de

nombreux ornements sculptés, auraient occupé les niches placées entre les pilastres. »

Ces dispositions plurent beaucoup au duc, qui voulait avoir la plus belle salle de l'Italie. Giuliano désirait que la taille des pierres de Fossato, destinées aux soubassements, aux colonnes et aux corniches, fût entièrement confiée aux ouvriers de Santa-Maria-del-Fiore. Ces hommes habiles auraient très-bien terminé tous les ornements de pierre, si Baccio s'y fût prêté; mais le sculpteur entendait mieux ses intérêts, et ses intérêts étaient que la chose traînât en longueur, puisqu'il recevait, outre son traitement de chaque mois, cinq cents écus pour chaque figure de marbre. Aussi ne s'occupait-il qu'à faire ébaucher les statues, sans s'occuper de les continuer. Après plusieurs années, à peine si la moitié de la taille était achevée. De toutes les statues, trois seulement furent posées : celle de Jean de Médicis, du duc Alexandre, et, sur un soubassement en brique, celle du pape Clément VII. Il commença celle du pape Léon, et termina celle du duc Côme; c'était bien le moins que les morts fissent place aux vivants.

Mais, si l'œuvre n'était pas assez avancée pour que le duc en fût content, elle l'était assez pour que Baccio ne s'en occupât plus; il voulut donc faire oublier cette première entreprise pour une autre qui, sans doute, lui serait plus lucrative, et il conseilla à Côme de faire

continuer un chœur octogone dans l'église du directeur
de Santa-Maria-del-Fiore. Felippo Brunelleschi en avait
laissé un modèle en bois, avec l'idée de l'exécuter en
marbre par la suite, sur le même dessin, en y ajoutant
toutefois quelques ornements. Baccio dit au duc qu'avec
les revenus de Santa-Maria-del-Fiore, on subviendrait
aux frais d'exécution, et que toute la gloire en serait
pour Son Excellence. Enfin, avec ses dessins et ses conseils, il s'arrangea si bien, que Côme lui dit de se
mettre à l'œuvre.

Il commença donc en suivant les dessins de Felippo
Brunelleschi ; mais il ajouta des colonnes et des ornements de mauvais goût. Puis, pour décorer l'autel, Baccio modela en cire un *Christ mort* accompagné de deux
anges, dont l'un tenait les instruments de la Passion.
La statue du Christ était si grande, que c'était à peine
si l'on pouvait célébrer la messe à la chapelle où on l'a-
vait mise. Derrière l'autel, Baccio construisit un piédestal en saillie sur lequel il plaça, entre deux anges agenouillés, Dieu le Père donnant sa bénédiction. Le gra-
din de l'autel, d'une brasse de hauteur, était orné de
plusieurs sujets tirés de la Passion de Notre-Seigneur,
qui devaient être exécutés en bronze. Sur l'arcade du
fond, Bandinelli éleva l'Arbre du péché avec le Serpent à face humaine, et les figures d'Adam et d'Ève.
En dehors du chœur, dans le soubassement, il avait

ménagé un vide de trois brasses de longueur environ,
pour y représenter, en marbre ou en bronze, l'histoire
de la Création. Vingt et un sujets de l'Ancien Testament devaient couvrir le reste du soubassement; pour
plus de richesse encore, chaque sorte de pilastre ou de
colonne aurait supporté un prophète en marbre.

Une grande quantité de marbre arriva donc de Carrare, et Baccio attaqua ses statues.

Il fit d'abord un *Adam*; mais il le trouva trop serré
des flancs ; et ce qui n'était pas assez bon pour le premier homme le fût assez pour un dieu : *Adam* devint
Bacchus. En suivant la hiérarchie naturelle, Ève devait
venir après Adam ; mais, comme à son prédécesseur, il
lui manquait quelque chose, et la première pécheresse
devint *Cérès.* Baccio donna son *Bacchus* au duc Côme,
et sa *Cérès* à la duchesse Leonora ; puis il refit une seconde fois les deux seuls habitants du paradis terrestre ;
mais ils étaient d'avance maudits du public, ainsi qu'ils
le furent de Dieu, et, comme les originaux vivants
chassés de l'Éden, les deux copies de marbre furent
chassées de l'église.

A partir de ce moment, Baccio ne tint plus aucun compte des critiques et laissa ses statues inachevées,
sans s'inquiéter des murmures de la foule. Une fois
qu'il avait reçu le prix de ses travaux, ils lui devenaient
tout à fait indifférents. Ainsi, il abandonna, sans l'a-

chever, son *Christ mort*; il ne finit point la statue du Père Éternel. Il était riche et possédait deux domaines à la campagne et une maison à la ville. Ainsi les statues de Jean de Médicis, la salle d'audience du palais, le chœur et l'autel de Santa-Maria-del-Fiore étaient des choses complétement oubliées pour Baccio, qui daignait cependant s'occuper un peu de la statue de *Dieu le Père*. Il était donc indolemment couché dans sa paresse et dans son insouciance, n'ayant plus autour de lui personne à haïr, quand Benvenuto Cellini revint de France.

La première chose que fit Benvenuto en arrivant à Florence, fut d'aller trouver le duc Côme, qui le reçut d'abord avec un ton sévère, mais qui bientôt prit un air plus gracieux et le questionna sur son voyage.

Baccio Bandinelli, d'après ce que nous en avons vu, n'était pas homme à dormir tranquille à côté de ce nouveau protégé; aussi les intrigues recommencèrent de plus belle; mais, cette fois, il avait, comme Primaticio en France, affaire à un de ces hommes qui brisent tous les obstacles qu'ils rencontrent.

Baccio avait déjà si bien réussi auprès du duc, que le pauvre Benvenuto ne reçut même pas l'argent nécessaire pour payer ses ouvriers. L'orfévre attendit alors le duc dans la via di Servi.

— Monseigneur, lui dit-il, je ne reçois plus l'argent

dont j'ai besoin, ce qui me donne lieu de croire que vous vous méfiez de moi. J'affirme cependant à Votre Excellence que je ne l'ai trompée en rien, et je me fais fort d'exécuter mon ouvrage trois fois mieux que le modèle, ainsi que j'ai promis. Monseigneur, continua Benvenuto voyant que le duc ne lui répondait rien, cette ville a toujours été l'école des grands talents ; mais, dès qu'on y a appris quelque chose, on doit aller travailler ailleurs si l'on veut augmenter la gloire de sa patrie et de son prince. Votre Excellence sait que c'est ainsi qu'ont agi Donatello, Léonard de Vinci et Michel-Ange; elle me permettra, j'espère, de suivre les idées de ces grands maîtres, je ferai ce que je pourrai pour ajouter à votre gloire, monseigneur; mais surtout gardez le Bandinelli, car, si Votre Excellence le laissait partir, son ignorance tuerait notre école.

Le duc garda un instant de silence, fixant un regard sévère sur Benvenuto, pour s'assurer que c'était une résolution prise, et, quand il vit qu'aucun signe du visage de l'orfévre ne démentait ce qu'il venait de dire :

— Restez, Cellini, lui dit-il, et vous ne manquerez de rien.

Cellini se remit à l'œuvre; mais il fut forcé d'ajouter de l'argent à ce que donnait le duc pour que la statue allât plus vite qu'au pas, comme il le dit lui-même.

Cela se passait en 1546.

Un matin donc, de cette année 1546, que le pauvre Benvenuto, qui comparait sa mauvaise position en Italie à la position brillante qu'il avait quittée en France, était trop triste pour travailler, il monta sur son petit cheval, mit cent écus dans sa poche et s'en alla à Fiesole.

Il allait voir un fils naturel de deux ans, qu'il avait en nourrice chez la femme d'un de ses ouvriers, espérant que la vue de cet enfant lui enlèverait de sa tristesse et lui rendrait de la force. A cette pensée d'amour se joignait une pensée de vengeance, et à côté de l'argent qu'il portait à la nourrice se trouvait un poignard qu'il destinait à Baccio. Aussi, malgré les caresses de l'enfant, quoique ses deux petites mains serrassent bien fort le cou de Cellini, l'homme fut plus fort que le père, la vengeance l'emporta sur l'amour, et, quand il eut une dernière fois embrassé l'enfant, qui devait mourir quelques temps après, il remonta à cheval, mais cette fois avec une seule pensée, et se dirigea vers Florence.

Chaque soir, Bandinelli traversait la place San-Domenico pour se rendre à une ferme qu'il possédait près de là. Au moment où Benvenuto arrivait par un côté sur son petit cheval, Baccio arrivait de l'autre sur un mulet. Les deux hommes se trouvaient donc face à face, et quelqu'un qui eût été là eût pu les juger d'un seul coup d'œil. L'un, qui rapportait de la cour de François Ier ce ton d'élégance, de chevalerie particulier au grand roi, et dont la figure franche et ouverte révélait toutes les passions de son âme, porta tout d'un coup la main à son poignard. L'autre, avec tous les dehors de l'honnêteté qui cachent la ruse, ne put cependant assez se commander et devint pâle comme un mort. D'un côté le visage qui dit le cœur, de l'autre la figure qui voile l'âme.

Benvenuto marcha droit au sculpteur, qui tremblait de tous ses membres ; mais, lorsqu'il s'aperçut qu'il était sans armes :

— N'aie pas peur, lui dit-il ; tu n'es pas digne que je te frappe : tu es assez lâche pour qu'on te tue, mais je ne le suis pas assez pour t'assassiner ; tu peux donc continuer ton chemin ; seulement, ne dis jamais rien de l'orfèvre Benvenuto, et souviens-toi qu'il t'a fait grâce.

Et celui-ci rentra chez lui, après ce trait de générosité, qui cependant ne lui porta pas bonheur, puisque, comme nous l'avons dit, le surlendemain, son enfant mourut.

A quelque temps de là, un ouvrier nommé Francesco quitta Bandinelli et vint demander de l'ouvrage à Benvenuto. Celui-ci lui fit réparer la figure de Méduse.

Au bout de quinze jours, l'ouvrier dit à son maître qu'il avait parlé à Bandinelli, lequel offrait à Cellini un fort beau bloc de marbre.

— Réponds-lui que j'accepte, dit Benvenuto ; mais préviens-le que ce bloc lui portera malheur ; il me provoque et il oublie déjà la place San-Domenico. Non-seulement j'accepte, mais encore je veux le battre ; quant à toi, tu dois être son espion : retourne donc chez lui et fais lui part de ma volonté.

Un jour de fête, Benvenuto se rendit au palais du duc après dîner.

— Sois le bienvenu, lui dit Côme en le voyant entrer ; voici une caisse que m'envoie le seigneur Stephano da Palestrina ; ouvre-la et voyons ce que c'est.

— C'est, dit Benvenuto, après l'avoir ouverte, une merveilleuse statue de marbre grec, monseigneur, et je n'ai rien vu, dans les figures antiques, qui soit comparable à cette figure d'enfant. Le seigneur Stephano da Palestrina est homme de goût, et Votre Excellence trouvera difficilement un cadeau pareil à lui faire.

Puis le sculpteur expliqua au duc en quoi cette statue était belle, et, au milieu de l'explication, Baccio entra.

Le duc se retourna avec un mouvement de mauvaise humeur.

Bandinelli alla droit à la caisse et dit en ricanant au duc :

— Monseigneur, voilà encore une de ces choses dont je vous ai parlé tant de fois ! Que Votre Excellence sache que les anciens n'entendaient rien à l'anatomie ; aussi leurs ouvrages sont pleins d'erreurs.

— C'est justement le contraire, répliqua le duc, que Benvenuto vient de me prouver par de fort beaux arguments, que votre présence a interrompus, messire Baccio.

— Votre Excellence doit savoir, dit Cellini, que le Bandinelli est un composé de mal augmenté de pire ; que toute œuvre grande et belle est incompatible avec son talent étroit et mesquin, comme toute action noble est inconnue à son cœur vil. Quant à ce que j'ai dit à Votre Excellence sur cette statue, c'est la pure vérité, monseigneur ; je juge, moi, avec l'enthousiasme du beau, et messer Bandinelli avec la haine de ce qui lui est supérieur.

Le duc s'amusait fort de cette sortie de Benvenuto, et ce fut sans doute pour la continuer qu'il descendit dans les salles basses avec les deux artistes, l'un à sa droite et l'autre à sa gauche.

Ce fut Baccio qui le premier rompit le silence.

— Monseigneur, dit-il, quand je découvris mon groupe d'*Hercule et Cacus*, on fit sur lui plus de cinquante sonnets infâmes, et la canaille en disait tout le mal possible.

— Monseigneur, dit à son tour Benvenuto, quand Michel-Ange découvrit sa sacristie, où il y a tant de belles statues, plus de cinquante sonnets à sa louange accueillirent l'œuvre, et notre savante école en dit tout le bien imaginable; c'est ce qui eut lieu encore, monseigneur, quand le grand Buonarotti exposa son magnifique carton; mais quelqu'un sans doute n'était pas de l'avis de tout le monde, et un homme, dont je ne me rappelle pas le nom, peu connu comme artiste, déchira le carton pendant la nuit.

Bandinelli devint pâle à faire croire qu'il allait mourir, et Benvenuto garda sa figure impassible, où perçait toutefois un léger sourire de triomphe.

— Et que pouvez-vous reprendre, messer Benvenuto, à ma statue d'*Hercule?* dit enfin Bandinelli.

— Si Votre Excellence veut me le permettre, continua l'orfévre, après lui avoir expliqué les beautés de la statue antique, je lui ferai toucher les erreurs de l'œuvre moderne; ce ne sera pas plus difficile, monseigneur, mais cela prendra peut-être un peu plus de temps, car il y a beaucoup à dire.

Le duc ne put s'empêcher de sourire en écoutant cette lutte des deux hommes, et dit à Cellini d'exposer son opinion.

— D'abord, monseigneur, reprit Benvenuto, ce n'est pas mon opinion à moi seul que je vais vous dire; c'est l'opinion de ceux qui ont jugé Michel-Ange que je veux vous répéter. Or, voici ce qu'ils disent : Si l'on rasait les cheveux d'Hercule, il ne lui resterait plus assez de crâne pour contenir sa cervelle; quant à sa face, c'est aussi bien celle d'un monstre que celle d'un homme, mais un monstre qui tiendrait à la fois du lion et du bœuf. La tête est fort mal attachée aux épaules; et, si Cacus avait seulement porté un coup là, il est évident que la tête eût roulé à terre. Les deux épaules ressemblent aux deux bâts d'un âne, et le dos à un sac de noix. On ignore comment les deux jambes tiennent à ce tout difforme, et l'on cherche vainement sur laquelle Hercule s'appuie, car, à coup sûr, il ne s'appuie pas sur les deux. La statue tombe en avant de plus d'un tiers de brasse; et Votre Excellence sait que c'est la plus grande et la plus impardonnable de toutes les erreurs dont se rendent coupables tous ces petits sculpteurs qui pleuvent par douzaines; jamais l'auteur de cette statue. ajoute l'école, n'a vu un homme nu, car il ne lui eût pas fait de pareils bras ni de pareilles jambes.

La harangue de l'orfévre fut interrompue par une insulte violente de Baccio, insulte qu'on fit souvent à Benvenuto en arrière, car il ne l'eût pas soufferte en face, et qu'il ne punit pas en ce moment à cause de la présence du duc. Quoiqu'elle lui mît la rage au cœur, il se contint et répondit en riant, ce qui déconcerta le

Bandinelli ; puis il marcha droit à celui qui venait de l'insulter et lui dit :

— Souviens-toi que tu as un bloc de marbre à m'envoyer et que, si demain tu n'as pas tenu ta promesse, je te tue. — Pardon, monseigneur, reprit-il en revenant au duc mais, les extravagances de cet homme m'ont fait oublier ce que je dois à Votre Excellence ; qu'elle daigne m'excuser.

Le lendemain, Benvenuto reçut le bloc promis.

A partir de ce jour, Baccio fut perdu dans l'esprit du duc ; et, lorsqu'il eut terminé sa statue de *Dieu le Père*, et qu'il le pria de venir la visiter, Côme s'y refusa.

L'enfant qu'il avait eu à l'époque de la mort de Clément VII, était devenu presque un homme ; et le duc, qui ne faisait pas retomber sur le fils les mauvaises actions du père, lui avait donné son buste en marbre à sculpter. Mais l'enfant fut forcé de venir trouver Côme et de lui demander la permission d'aller à Rome, ne pouvant plus supporter les mauvais traitements de son père. Le congé fut accordé, et, quand le jeune Clément partit, triste et souffrant, pas une larme ne tomba des yeux de Baccio ; bien plus : quand, à peine arrivé à Rome, le jeune homme y mourut, pas un remords ne parut toucher le cœur de son père.

On avait, depuis plusieurs années, tiré de Carrare un énorme bloc sur lequel Baccio avait donné un à-compte de cinquante écus. Il devait en faire un *Neptune :* mais le possesseur du bloc fit prévenir le sculpteur qu'il allait faire partager son marbre, pour le vendre plus facilement, puisqu'il ne le payait pas en entier. Benvenuto Cellini et Ammanati, ayant appris que le bloc n'appartenait pas encore à Baccio, demandèrent à entrer en commun avec lui pour le groupe. Mais, quoi qu'ils fissent, Baccio fut plus adroit qu'eux, et, grâce à la protection de la duchesse Léonora, le *Neptune* lui fut confié.

Il fit venir son élève Vicenzio de Rossi pour tailler ; mais, ayant appris que Michel-Ange faisait un *Christ mort* et quatre autres figures pour l'église Santa-Maria-Maggiore, il se mit à achever celui que Clément lui avait laissé en mourant. Ainsi, non-seulement cet homme n'avait rien donné à son fils pendant sa vie, mais il se servait encore de ses œuvres après sa mort.

Quel génie il eût fallu à Baccio pour cacher cette vie de haine et de ruses ! Malheureusement, comme artiste, ce n'était presque rien à côté de Michel-Ange, dont il fut un mauvais copiste, et, comme homme, nous avons vu ce qu'il était.

Baccio obtint des Pazzo de creuser un tombeau et d'élever un autel de marbre pour y poser ses statues dans leur chapelle de l'église des Servites. Quand la sépulture fut finie, il voulut y déposer de ses propres mains les restes de son père, Michel Agnolo, — peut-être la seule action sainte qu'il ait faite de sa vie. Aussi, comme si Dieu avait craint qu'il ne l'effacât plus tard, dès qu'elle fut accomplie, il lui envoya la mort.

Il était âgé de soixante et douze ans. Ses obsèques furent célébrées avec pompe; il fut enterré à côté de son père, et l'on grava sur leur tombeau l'épitaphe suivante :

D. O. M.

Baccius Bandinelli, Divi Jacobi equus

sub hac servatoria imagine

a se expressa cum Jacobia Donus,

uxore, quiescit. An. S. M. D. L. IX.

ANDRÉ DEL SARTO

Je vais écrire en quelques pages l'histoire d'un homme qui était né pour être le premier peintre de son siècle, le rival de Léonard, le vainqueur du Pérugin et du Corrége ; l'égal du plus grand maître, du divin Raphaël ; d'un homme dont la carrière eût été heureuse, brillante, enviée, si un amour insensé ne l'eût perdu fatalement.

Abreuvé d'humiliations et de chagrins, il a traîné ses jours dans la honte et le désespoir. De douleur en douleur, de faiblesse en faiblesse, de misère en misère, il est arrivé au suicide moral, le plus affreux des suicides !

Il a vicié son talent, anéanti son caractère, souillé son nom. Il n'a pas craint, le malheureux, de s'avouer voleur pour une femme qui n'a pas pu lui rendre, en échange de tant d'abnégations, de tant de sacrifices, même un sentiment de pitié.

Si, parmi les vies des peintres, il en existe de plus curieuses et de plus agitées, il n'en est certes pas de plus triste et de plus touchante.

C'est un terrible exemple, une grande leçon, un enseignement salutaire pour les artistes de tous les temps et de tous les pays.

Andrea Vannocchi, connu plus communément sous le nom d'André del Sarto du métier de son père, naquit à Florence, le 26 novembre 1478.

Nous sommes arrêté, dès le début de cette notice, par une grave dissidence qui s'élève parmi les biographes.

Bottari, trompé apparemment par une inscription tumulaire consacrée à la mémoire de notre artiste dans l'église des Servi, a cru devoir corriger la date adoptée par Vasari, et retrancher d'un coup de plume dix ans de la vie d'Andrea, sur la foi d'un chiffre erroné.

L'historien Lanzi et plusieurs écrivains toscans ou étrangers ont suivi la correction de l'édition romaine de la *Vie des peintres*, s'en rapportant de confiance au zèle et à l'érudition bien connue de Bottari. Mais il paraît hors de doute, d'après l'acte de baptême conservé dans les archives de Santa-Maria-del-Fiore, que la naissance d'André del Sarto doit être fixée au mois et à l'année que nous enregistrons plus haut.

Ajoutons pour mémoire, et sans donner la moindre importance à des assertions qui ne sont appuyées sur aucune preuve, qu'une famille de Bruxelles prétend compter au nombre de ses ancêtres l'heureux tailleur qui a donné la vie et le surnom à André.

D'après cette version, le père de notre artiste aurait exercé la profession de tailleur dans la bonne ville de Gand, sa patrie, et c'est à Gand même qu'Andrea Vannocchi aurait vu le jour.

Quoi qu'il en soit, le petit André fut placé par ses parents dans la boutique d'un orfévre florentin, pour y apprendre le métier de joaillier, que Benvenuto Cellini devait élever, peu de temps après, à toute la hauteur d'un art.

André avait sept ans. Il savait à peine lire et écrire ; mais, en sortant de l'école, il n'avait eu garde d'oublier ses plumes et son encrier ; et, par suite de cette contradiction éternelle qu'on remarque toujours entre le choix du père et l'inclination du fils, il se plaisait beaucoup plus à dessiner sur les cartons des figures bien sombres et des profils bien noirs, qu'à manier l'or et l'argent : matières qui auraient dû, au contraire, éblouir les yeux et l'imagination d'un enfant.

Peut-être aussi que le ciseau et la lime lui paraissaient des instruments trop durs pour ses mains délicates ; car il montra, dès l'enfance, un caractère faible et soumis ; une vague tristesse, une sensibilité maladive, une douceur angélique, dont toutes ses paroles, tous ses mouvements, tous ses gestes étaient empreints, se révélaient de prime abord dans cette frêle nature, et ne présageaient que trop les malheurs qui, plus tard, devaient l'accabler.

Le maître d'André prit patience pendant quelque temps, espérant utiliser le jeune apprenti pour les besoins de son commerce ; mais, voyant qu'il n'en pouvait rien tirer, ni de gré, ni de force, un jour que Jean Barile, peintre grossier et plébéien, comme dit Vasari, vint à entrer dans sa boutique, il lui proposa d'emmener cet enfant, qui montrait une véritable vocation pour la peinture.

Jean Barile demanda à voir quelque ébauche de son élève, et, après avoir examiné deux ou trois dessins qu'André lui présenta en tremblant, content de son savoir-faire, il le prit avec lui.

Une fois livré à ses penchants naturels, l'enfant fit merveille. Il travaillait nuit et jour avec une telle assiduité, une telle persévérance, que son maître, craignant pour sa santé, fut obligé de contenir son ardeur et de lui ordonner le repos.

André montrait surtout un sentiment exquis, un goût très-prononcé pour les beautés de la nature. Il tâchait de reproduire sur la toile, avec les plus vives couleurs les objets qui le frappaient. Si son dessin n'était pas très-correct, si ses conceptions n'étaient pas d'un ordre élevé, on admirait cependant dans ses esquisses une grande pureté de couleurs, une suave harmonie de tons, une connaissance presque instinctive du clair-obscur et de la perspective qui étonnaient dans un enfant de son âge. Jean Barile n'en pouvait croire ses yeux. Il se promenait dans les rues, parlant tout seul et tout haut des progrès de son élève. Il prenait au collet les artistes de sa connaissance qu'il rencontrait, et, lorsqu'il les avait entraînés dans son atelier, leur demandait, en se croisant les bras, si c'était là la besogne d'un enfant de dix ans.

Bref les choses marchèrent si vite et si bien, que Jean Barile s'avoua, non sans un peu de confusion, que son élève en savait plus que lui. Ce brave homme, tout grossier et tout plébéien que Vasari voudrait nous le faire croire, mettant de côté son amour-propre, s'en alla trouver un matin Pierre di Cosimo, qui passait alors pour un des meilleurs peintres de Florence, et lui dit brusquement :

— Vous êtes, à mon idée, le premier artiste de votre école ; j'ai un élève à qui j'ai appris le peu que je savais ; à l'heure qu'il est, il pourrait me donner des leçons, à moi et à bien d'autres. Le petit ira loin, s'il est bien guidé. Le garder auprès de moi serait un vol, quoique j'en aie le droit par un marché en règle ; car je l'ai nourri quand il ne m'était bon à rien, et je pourrais maintenant prélever les deux tiers de ce qu'il gagne. Mais Dieu me préserve d'une telle infamie ! Je veux qu'il soit un grand peintre et qu'il fasse honneur à Florence. Voulez-vous vous en charger, maître ?

C'était un singulier homme que ce Pierre di Cosimo. Placé réellement en première ligne parmi les peintres naturalistes du xvi⁰ siècle, sa vie était si étrange, ses idées étaient si bizarres, ses goûts si excentriques, que ceux qui ne le connaissaient pas bien l'eussent pris plutôt pour un fou que pour un enthousiaste.

Son amour de la nature était poussé si loin, qu'il ne voulait pas que la main de l'homme osât toucher à l'œuvre de Dieu. Il laissait croître ses cheveux, sa barbe, ses ongles dans toute leur longueur. Jamais la serpe d'un jardinier n'avait touché à sa vigne, à ses arbres, à ses plantes ; arroser les fleurs lui eût semblé une profanation sacrilége, un crime de lèse-nature. Son jardin présentait l'aspect hérissé et sauvage d'un petit coin d'une forêt des tropiques.

Il ne prenait jamais ses repas à la même heure, sous prétexte que les animaux, les seuls êtres raisonnables de la création, mangeaient quand ils avaient faim et non pas quand la cloche sonnait l'heure du dîner. La société, avec ses lois inflexibles et ses étroites convenances, lui était en horreur. Son plus grand plaisir était de voir filer les nuages. Il contemplait, tout un jour durant, dans une muette extase, ces châteaux de géant, ces cathédrales aériennes, ces Babels fantastiques qui s'élèvent au ciel en moins d'une seconde et qu'un souffle du vent disperse en moins d'un instant.

Un jour, on le trouva immobile devant le mur d'un hôpital. Comme un de ses amis, après l'avoir fortement secoué par le bras, lui demandait ce qu'il pouvait regarder avec tant d'attention, Pierre tendit l'index dans la direction de quelques taches jaunâtres et nauséabondes, et répondit gravement :

— Mon ami, voilà trois siècles que les malades crachent sur ce mur ; je n'ai jamais vu de dessins plus bizarres, de plus capricieux méandres, de plus poétiques dentelures. Il faut que l'art humain s'incline et s'avoue vaincu devant l'œuvre du hasard.

— Tu as raison, maître, dit l'ami en s'éloignant. Ta place n'est pas ici, elle est dans les cabanons de l'hôpital.

Outre ces manies et grand nombre d'autres dont je fais grâce au lecteur, Pierre di Cosimo détestait particulièrement deux choses : le son des cloches et le chant des moines.

Tel était le maître chez lequel fut placé André del

Sarto. Jean Barile se donna beaucoup de mal pour mener à bout une négociation si délicate.

Il dut revenir plusieurs fois à l'assaut ; car l'atelier de maître Pierre n'était pas ouvert à qui voulait. Le jour où il put enfin emporter le consentement si long-temps sollicité, Jean Barile l'annonça à son élève comme une véritable faveur. Il l'embrassa sur le front, lui donna quelques avertissements sommaires sur les habitudes et l'humeur de l'homme auquel il aurait af-faire désormais, et, après l'avoir recommandé au nou-veau maître avec les plus vives et les plus affectueuses paroles, il se sépara de son cher André les yeux mouil-lés de larmes. Excellent Jean Barile ! il venait de s'aper-cevoir seulement alors qu'il aimait cet enfant comme un fils.

Nous n'essayerons pas de décrire tout ce que le pau-vre André dut endurer pendant son long apprentissage sous un homme tel que Pierre di Cosimo ; lui, si mo-deste, si doux, si timide, forcé de se voir rudoyer, à toute heure du jour, par un caractère impérieux, fan-tasque, inégal.

L'argile à côté du fer !

Ce n'est pas que maître Pierre témoignât à son élève de l'aversion ou de la froideur, bien au contraire : tou-ché de sa docilité et de son respect, fier de ses progrès vraiment prodigieux, émerveillé de son talent, il l'avait pris en grande affection ; mais ce fut de cette affection même que le pauvre André eut le plus à souffrir. Au bout de quelque temps, elle était devenue pour le jeune peintre un fardeau si lourd, une tyrannie tellement intolérable, que, s'il avait pu trouver ailleurs un morceau de pain et un abri, il n'eût point hésité à s'évader de l'atelier ; ce qui n'était pas, à cette époque, une entreprise aussi facile qu'on pourrait le croire.

Quitter l'atelier du maître était alors pour un artiste ce que serait de nos jours pour un soldat de déserter son régiment.

Nous demandons la permission à nos lecteurs de les introduire dans la grand'salle du palais de Florence appelée le salon du Pape, où l'on avait exposé à l'admiration du monde entier les deux célèbres cartons de Léonard de Vinci et de Michel-Ange.

Nous laisserons parler André del Sarto lui-même, ne mettant dans sa pensée et dans sa bouche que des sentiments tout à fait historiques, des paroles strictement conformes à celles qu'il dut prononcer dans la scène qui nous est attestée par tous les biographes.

Le jour baissait, la foule des dessinateurs et des peintres, venus de tous les coins de la terre pour étudier et copier les deux admirables dessins, s'était écoulée lentement. Il ne restait plus dans la salle que deux jeunes gens qui, malgré l'heure avancée, ne faisaient

pas encore mine de quitter le travail. L'un était André ;
assis sur son banc, un carton sur ses genoux, il dessinait un groupe de Léonard ; l'autre, debout devant son
chevalet, tâchait de reproduire, sur la toile, le fameux
soldat de Michel-Ange, qui, malgré tous ses efforts, ne
peut réussir à faire couler sur ses membres ses vêtements mouillés.

Ils continuaient en silence à faire aller, l'un son
crayon, l'autre son fusain, sans quitter des yeux leurs
modèles, et comme si aucun des deux ne se fût aperçu
de la présence de l'autre.

Mais un observateur attentif eût remarqué, à des
signes imperceptibles, que la pensée des deux jeunes
peintres, si occupés de leur besogne en apparence, se
portait vers le même objet, et qu'il régnait dans leurs
âmes une sympathie secrète, en attendant qu'elle de-
vînt de l'amitié.

Si le magnétisme eût été déjà inventé à cette époque,
rien de plus facile que d'expliquer par un mot ce qui
se passait dans le cœur des deux artistes ; mais, au
XVI⁰ siècle, on se contentait de croire à la magie.

Depuis longtemps, André avait distingué, dans la
foule des élèves, ce jeune homme grave et studieux,
qui arrivait toujours le premier au salon, et s'en allait
le dernier.

L'honnêteté, la franchise, la sérénité inaltérable

d'une conscience pure rayonnaient sur ses traits. André se sentait attiré vers lui par une puissance irresistible ; mais sa timidité naturelle l'empêchait de faire le premier pas.

D'un autre côté, l'inconnu aimait André d'une affection de frère, sans lui avoir jamais adressé la parole.

Vingt fois, il avait été sur le point de lui tendre la main, et de lui demander son amitié franchement et sans détour ; mais la réflexion avait arrêté ce premier élan, et il avait toujours fini par se taire, un peu par discrétion, un peu aussi par la crainte d'être repoussé ; car rien ne ressemble tant à la fierté que la modestie et la réserve.

Cependant, ce jour-là, le jeune artiste avait cru remarquer dans André des dispositions singulières à la franchise et à l'abandon. A plusieurs reprises, il avait saisi dans son regard une expression craintive et presque suppliante. Il attendit que tout le monde se fût retiré, et, lorsqu'ils furent seuls, il se décida à rompre le silence, et jeta en l'air une phrase de monologue qui, sans exiger directement une réponse, pouvait passer pour un commencement d'entretien.

— Allons, dit-il tout haut, voilà qu'on n'y voit plus clair ; il est temps de partir.

— C'est vrai, répondit timidement André.

L'inconnu posa sa palette et ses pinceaux, rangea son

chevalet et fit un pas vers André, qui, par une espèce de consentement tacite, s'était levé à son tour et se disposait à serrer son dessin.

— Vous avez bien travaillé aujourd'hui, dit le jeune peintre en abordant décidément son camarade.

— J'ai fait de mon mieux, monsieur, répondit André en venant au-devant de lui.

— Voulez-vous me permettre de regarder votre travail ?

— Très-volontiers ; seulement, je vous avertis que vous ne verrez rien de bon.

— Mais ceci est admirable, s'écria le peintre en jetant les yeux sur le dessin que lui tendait André. Je n'ai jamais vu une telle pureté de lignes, une telle suavité de contours, tant de charme et tant d'élégance réunis à tant de précision, à tant de vigueur. Sur ma foi, camarade, vous devez être bien heureux et bien fier de votre talent. Il y a une fortune au bout de votre crayon.

— Hélas ! fit le pauvre André en baissant les yeux avec tristesse.

— Il me semble que vous avez soupiré. Seriez-vous malheureux, par hasard ?

— Oh ! oui, monsieur, bien malheureux !

— En ce cas, touchez là, mon ami ! nos cœurs sont faits pour s'entendre.

— Eh quoi ! vous aussi, vous auriez à vous plaindre de votre sort? continua André en serrant avec effusion la main que lui tendait l'inconnu.

— Qui n'a pas ses chagrins dans ce monde ! Mais ne parlons pas de moi, mon ami. D'où vous viennent vos malheurs?

— J'ai un maître, fit André avec un nouveau soupir. Et le vôtre ?

— Je n'ai plus de maître, répondit l'inconnu.

— Comment ! et c'est là ce qui cause votre tristesse?

— Certainement, poursuivit le jeune peintre avec lenteur. Lorsqu'on a un abri et du pain, des couleurs toutes payées et de la toile pour rien, une voix pour vous diriger, une âme pour vous comprendre, un regard bienveillant ou sévère pour vous accorder le blâme ou l'éloge que vous avez mérité; lorsqu'on a une charmante jeune fille pour modèle et un peu pour maîtresse, une vieille femme pour essuyer vos pinceaux et pour allumer votre lampe, de joyeux camarades pour vous mettre en colère, et un méchant portier pour l'envoyer au diable, de quoi se plaindrait-on? on est presque en famille !

— On voit bien que vous n'avez jamais mis le pied dans notre atelier, répliqua tristement André, aux yeux duquel le poétique tableau tracé par son camarade offrait le plus frappant contraste avec la réalité de sa position.

— Quel est votre maître?

— Pietro di Cosimo. Quel était le vôtre?

— Mariotto Albertini. Pourquoi voudriez-vous quitter l'atelier de Pietro?

— Parce que ma vie n'est plus tenable; et pourtant je suis fait à la patience, je vous le jure.

» Il est certain que mon maître a un peu l'esprit à l'envers; l'admiration farouche, exclusive, ombrageuse en quelque sorte, qu'il a toujours nourrie pour la nature, le fait tomber dans des bizarreries, des excès, des transports désagréables et même dangereux pour ceux que la nécessité oblige de frayer avec lui; avec les années, ses humeurs noires prennent un caractère alarmant.

» Il est fou, cela est clair. L'autre jour, ne m'a-t-il pas traité de canaille et d'âne bâté, parce que j'ai marché, sans le savoir, sur une pincée de sciure de bois, qui formait je ne sais quelle figure étrange, qu'il se plaisait à considérer depuis trois heures.

» Hier, j'ai eu toutes les peines du monde à l'empêcher de sortir tout nu dans les rues de Florence, et, pas plus tard que ce matin, comme les cloches de Santo-Spirito carillonnaient à triple volée, cela lui a donné un si grand accès de fureur, qu'il voulait aller pendre le sonneur à la plus haute croisée de son clocher...

— Cela fait mal à penser qu'un si vaillant artiste, l'auteur du *Couronnement de la Vierge*, que nous avons tous admiré, soit sujet à de si déplorables faiblesses.

— J'ai eu tort peut-être de parler ainsi de mon maître, reprit André avec un ton de regret. Il faudrait jeter pieusement un manteau sur de tels écarts. Un maître n'est-il pas un second père ? Mais vous m'avez paru si bon, si affectueux, si discret, que je n'ai pu résister au désir de vous conter mes chagrins. D'une autre part, si cela continue, je serai bien forcé de quitter l'atelier, dussé-je me jeter dans l'Arno.

— Pauvre garçon ! dit le jeune inconnu en lui secouant fortement la main pour cacher son émotion. Mais c'est assez comme cela. Vous ne pouvez plus rester chez cet homme, cela est sûr. Puisque nous voilà dans la même position, nous tâcherons de nous en tirer le mieux que nous pourrons. Deux infortunes font souvent un bonheur.

— C'est vrai, vous avez aussi quitté votre maître.

— Moi, c'est différent : c'est lui qui m'a quitté.

— Comment ! il vous aurait renvoyé ? Cela me semble impossible.

— Il a fait mieux que cela : il a planté là la boutique et le métier ; il a jeté ses élèves à la porte, ses pinceaux par la fenêtre, et s'en est allé, vous ne devineriez jamais où ni pourquoi faire?

— A Rome, à Venise, pour changer de manière ou d'école?

— A la porte San-Gallo, pour tenir une taverne.

— C'est incroyable!

— Ma foi, si le cœur vous en dit, nous pouvons souper ce soir à l'auberge de mon respectable maître.

— Le premier coloriste de l'école florentine!

— Vous le verrez avec un brave tablier de toile grise autour du corps, les manches retroussées jusqu'au coude, un énorme couteau de cuisine au côté, jouant aux cartes ou aux dés, ou à la *mora* du soir au matin, et buvant à lui seul autant de vin que toutes ses pratiques.

— Si vous ne m'inspiriez la plus grande confiance, je croirais, en vérité, que vous vous raillez de moi. Mariotto Albertini un ignoble tavernier! qui eût pu s'attendre à une telle métamorphose en voyant sa sublime *Visitation*, ce chef-d'œuvre qui efface, par la vigueur des tons, par l'éclat, par le relief, tout ce qu'on a peint à Florence de nos temps? Pauvre cervelle humaine!

— Insatiable gosier!

— C'est de la folie.

— C'est de l'intempérance... Cet homme a le génie dans le ventre. Mais parlons d'autre chose; car, si je

me représentais encore messire Albertini tel que je l'ai
vu ce matin, marchant comme un navire ballotté par les
flots, et sentant le vin à pleine bouche, mon cœur se sou-
lèverait de dégoût, et le rouge me monterait à la figure.

— Ainsi donc, vous voilà dans la rue, comme je serai demain, ce soir peut-être?

— Avec cette différence que je ne parie pas de me
jeter dans l'Arno ; non, Dieu merci ! Avec deux bras,
une volonté, de la jeunesse, on se tire toujours d'affaire. Je ne vous cache pas que, dans les premiers moments, cela m'a paru un peu dur de me trouver seul et
abandonné sur la terre. J'ai regretté la maison, les serviteurs, les camarades et surtout la jolie Gilletta, notre
charmant modèle. Mais, puisque je vous trouve, nous
vivrons, si vous voulez, comme deux frères; et, si l'un
de nous vient à tomber malade, l'autre le soignera.
Cela vous va-t-il?

— Comment vous exprimer ma reconnaissance! s'é-
cria André, ému jusqu'aux larmes.

— Touchez là, et tout est dit !

— Mais, reprit André en hésitant, je ne possède pas
la moitié d'un florin, et les logeurs ne voudront pas nous
faire crédit. C'est un si mauvais métier que le nôtre !

— Qu'à cela ne tienne ! j'ai un pourpoint tout neuf,
une barrette et une plume qui m'ont fait le plus grand
honneur à la dernière procession de la Saint-Jean. Je les

donnerai à compte sur notre loyer. Pour la nourriture, j'ai une idée. Nous irons loger à la halle aux blés. Il est impossible que quelques-uns de ces honnêtes marchands, en voyant notre enseigne au-dessus de la croisée — je m'en charge ! — il est impossible, dis-je, que les vénérables bourgeois ne soient pas tentés de se faire peindre tout vifs pour quelques méchants boisseaux de farine.

— Vous songez à tout !

— Je m'en flatte. Et, tenez, j'oubliais le plus important ; nous avons du travail tout prêt, si nous voulons, dès demain.

— Est-ce possible !

— J'ai l'honneur, tel que vous me voyez, d'être un très-proche parent du sacristain de l'église des Servi. Il m'a proposé vingt fois de lui peindre quelque chose de ma façon, sur les rideaux qui couvrent les tableaux du maître-autel. C'est une *Déposition* de Perugino. J'ai refusé, vous comprenez. J'ai dit au sacristain, tout mon parent qu'il est : « Mon révérend, je ne peins pas des torchons. C'est la besogne du teinturier. Quand vous aurez des tableaux à faire, vous m'appellerez. J'aime mieux le fond que l'enveloppe. Tenez-vous pour averti... et *Deo gratias.* » Mais, à présent, nous n'avons pas le loisir d'être fiers. Si ma proposition vous convient, un de ces rideaux est à vous.

— Vous êtes mon sauveur !

— Appelez-moi votre frère.

— Frère, dit André d'une voix solennelle, notre amitié ne s'éteindra que lorsque l'un de nous aura précédé l'autre dans la tombe, et, si j'ai le malheur de vous y voir descendre le premier, je vous y suivrai bientôt, je vous le jure.

Et les deux jeunes gens, émus, pensifs et heureux, sortirent bras dessus bras dessous, devisant de leurs projets et escomptant leur avenir, jusqu'à une heure très-avancée ; puis ils se séparèrent enfin en se donnant rendez-vous pour le jour suivant.

— A propos, dit l'inconnu en retournant sur ses pas, votre nom ?

— Andrea del Sarto. Et le vôtre ?

— Francia Bigio.

Le lendemain, les deux jeunes gens, fidèles à leur parole, étaient installés dans une petite chambre à la piazza del Grano. Ils vivaient et travaillaient tout à fait comme Titien et Giorgione, à cette différence près que l'amitié d'André et de Francia se conserva pure de tout nuage jusqu'à la mort de ce dernier.

Le sacristain des Servi, qui s'était résigné, Dieu sait avec quelle douleur, à voir les grands rideaux de toile sans la moindre peinture, reçut son parent et le collaborateur qu'il amenait avec un ravissement d'autant plus sincère que leur visite était moins attendue.

L'ouvrage fut terminé en peu de jours.

Francia choisit par bravade le même sujet de tableau que celui que la toile devait couvrir, et esquissa à larges traits une *Déposition de croix*.

André, plus modeste, peignit sur son rideau une *Assomption*.

Ces peintures, à peines achevées, firent néanmoins beaucoup d'honneur aux deux jeunes artistes. La foule se porta à l'église des Servi. On admirait presque autant le travail de Francia et d'André que celui de Filippo et de Pietro Perugino.

Il y eut même des gens — c'étaient apparemment des novateurs — qui, après avoir donné un coup d'œil distrait et ennuyé au chef-d'œuvre de Perugino, dirent, au grand ébahissement du sacristain :

— Tirez les rideaux, le dehors vaut mieux que le dedans.

La réputation des deux amis s'accrut rapidement. Bientôt les commandes leur arrivèrent de tous côtés.

Ils ne suffisaient plus à l'ouvrage.

La confrérie de Saint-Jean-Baptiste, appelée *compagnia dello Scalzo*, parce que, dans les processions solennelles, un de ses membres avait coutume de porter le crucifix pieds nus, se réunissait alors à Florence, au bout de la via Larga, vis-à-vis des jardins de Saint-

Marc. Il s'agissait d'avoir un endroit convenable pour les cérémonies publiques et les séances d'apparat. Les gouverneurs de la confrérie firent les choses largement.

Ils appelèrent tous les artistes et les maçons florentins qu'ils purent trouver disponibles, et firent élever en peu de jours, comme par enchantement, une très-jolie cour circulaire, qui posait sur des colonnes sveltes et peu élevées. Une fois les murs debout, il fallait les revêtir de fresques, et jeter sur les parois intérieures de l'enceinte une grande composition cyclique, où se déroulerait en plusieurs compartiments la vie du Précurseur, sous le patronage duquel la compagnie était placée.

On songea à notre André.

Vasari assigne deux raisons, l'une plus plausible que l'autre, pour expliquer le choix des recteurs. D'abord, André del Sarto passait déjà pour un très-bon peintre, et, ensuite, la confrérie dello Scalzo, fidèle à son nom (les va-nu-pieds), était plus *riche de courage que d'argent*.

André accepta les conditions, quelques modiques qu'elles pussent paraître à tout autre artiste, et se mit immédiatement à l'œuvre.

André del Sarto a travaillé à sa fresque quinze années durant, à plusieurs reprises.

Il suffirait donc de cette page pour rendre compte des progrès, des écarts et des différentes phases de son talent.

Sa composition entière fut partagée en douze compartiments. Il débuta par *le Baptême du Christ*, suivant plutôt son inspiration que l'ordre chronologique ; et bien lui en prit, car il est impossible d'imaginer une peinture plus touchante, plus vraie, plus spontanée.

A peine avait-il découvert ce premier essai, que déjà sa place était marquée parmi les artistes de premier rang.

On admirait chez le jeune peintre une correction de style assez rare, même chez les maîtres les plus éprouvés, une grande simplicité d'ordonnance, une extrême pureté de dessin, mais surtout la grâce virginale, la chaste et idéale poésie dont il savait embellir les figures des anges et des enfants.

Le second tableau est celui de *la Prédication dans le désert*.

Il y a un progrès remarquable dans la composition et le coloris. Cependant une critique minutieuse pourrait reprocher à l'artiste quelques réminiscences de Ghirlandaio et d'Albert Durer, entre autres une figure d'homme vêtu d'une large robe fendue des deux côtés, et une femme assise avec un enfant.

On voit que l'artiste, encore indécis, essaye de plusieurs manières pour se former un style à lui, et cette individualité puissante qui le fera reconnaître entre mille pour la suave harmonie de sa couleur, pour l'expression angélique et divine de ses figures, et pour cet inimitable dessin qui lui a mérité le surnom *d'André sans reproche.*

Le compartiment dans lequel est représenté saint Jean qui baptise la foule est déjà une œuvre de maître. C'est le troisième dans l'ordre chronologique.

Il ne laisse rien à désirer sous le rapport de l'invention et de l'exécution. Dans l'intervalle, André avait peint à l'huile quelques tableaux de dévotion commandés par des particuliers ; une composition dont on ignore le sujet pour Filippo Spini, et qui s'est égarée malheureusement ; un *Christ apparaissant à la Madeleine sous les traits d'un jardinier*, pour les Augustins de la porte San-Gallo, et plusieurs fresques dont nous parlerons plus bas.

Les autres compartiments de l'histoire de saint Jean-Baptiste furent achevés plus tard, et marquent, comme nous l'avons dit, par des jalons successifs, la carrière de l'artiste.

Malgré la vénération séculaire dont ces peintures ont été constamment entourées, elles sont dans un état pitoyable.

La confrérie dello Scalzo ayant été supprimée en 1785, le cloître peint par André fut confié à la garde du président de l'académie des Beaux-Arts. Mais le mal était déjà fait, à ce qu'il paraît. Un Français — nous sommes fâché de le dire, on ne sait si c'est par folie ou par méchanceté — les éclaboussa d'encre et de bitume, s'il faut en croire le récit de M. Léopoldo del Miglioro.

On voulut les retoucher ; mais le remède fut pire que le mal, à en juger par ce que nous voyons aujourd'hui. Toutefois, les plus grandes précautions ont été prises pour conserver ce qu'il en reste.

On ne pourrait se faire une idée de la joie de Francia et d'André en voyant leurs vœux les plus téméraires si promptement dépassés.

Quoique la plupart des tableaux fussent entrepris à vil prix, ils en retiraient non-seulement de quoi suffire à leurs modestes besoins, mais ils pouvaient encore se donner du superflu.

André, en bon fils, secourait ses parents. Francia, d'un talent moins élevé, mais d'un caractère plus ferme et d'une santé plus robuste, aidait consciencieusement son camarade et partageait fraternellement avec lui ses profits et ses travaux.

Bientôt leur nouvelle aisance ne leur permit plus d'occuper leur petite chambre *della piazza del Grano*. On se mit en quête d'un appartement convenable. Et, comme les deux amis avaient affaire près du couvent de l'*Annonciade alla Sapienza*, ils se logèrent par là, dans une rue qui réunit la place Saint-Marc à celle de l'Annonciade, à quelques pas de l'atelier d'André Contucci, sculpteur.

Ce fut à cette occasion que notre peintre se lia si étroitement avec Jacques Sansovino, élève de Contucci, qu'il ne pouvait plus vivre sans lui, de sorte que l'amitié d'André del Sarto pour Francia, sans se refroidir un seul instant, en fut néanmoins un peu négligée. Nous verrons tout à l'heure quelles funestes conséquences résultèrent pour André et de ses nouvelles liaisons et du genre de vie agitée et plus libre qu'il adopta par la suite.

Sansovino aimait son art avec passion, il en causait avec savoir et enthousiasme, et, dans ses entretiens profonds et saisissants, le jeune peintre puisait des enseignements précieux et une sainte ardeur. Mais Sansovino, comme tous les artistes de son temps, recherchait les plaisirs grossiers, les orgies bruyantes.

Il avait fait deux parts égales de sa vie, le jour au travail, la nuit à la débauche. André, naturellement disposé à l'insouciance et à la mollesse, contracta, dans la compagnie de son nouvel ami, des habitudes de désordre et de dissipation.

Nous dirons bientôt dans quelles étranges mascarades, dans quels festins pantagruéliques la fleur des peintres, des architectes et des statuaires du XVIᵉ siècle passaient le temps qu'ils pouvaient dérober à leurs travaux.

Rien de plus curieux que le récit des incroyables saturnales dont Benvenuto Cellini et Georgio Vasari nous ont laissé le souvenir.

Le pauvre Francia avertit plusieurs fois son camarade qu'il faisait fausse route. André, s'excusant avec douceur, comme tous les caractères faibles, opposait aux conseils et aux remontrances de son ami une résistance passive. Ses visites à son père et à sa vieille mère devinrent de plus en plus rares. Il se dérangeait visiblement. Des besoins qu'il n'avait point connus jusqu'alors éveillèrent dans son âme une passion qui lui était totalement étrangère, la cupidité.

Ses travaux se ressentirent d'une certaine hâte maladive, d'une impatience fiévreuse, d'une coupable négligence.

Francia lui reprocha sévèrement, un jour, qu'il commençait à ne plus travailler que pour de l'argent.

Ce reproche, extrêmement sensible au jeune artiste, le fit pleurer de dépit et de douleur. Son âme était encore vierge, le mal n'était qu'à l'œuvre.

Pour donner un démenti à son compagnon, à son frère, il s'engagea dans une entreprise folle et inconsidérée dont les biographes nous ont conservé la curieuse relation.

Blessé au cœur par les paroles de son camarade, dont il s'avouait cependant la justesse, André se promenait tristement sous les arcades de la cour des Servi, et prenait un amer plaisir à se rappeler les moindres détails de cet entretien, dans lequel il lui semblait que Francia avait pour la première fois outre-passé les pouvoirs de l'amitié.

— J'ai travaillé un peu vite dans les derniers temps, pensait-il; je n'ai pas été fâché de montrer à Contucci et à Sansovino que je savais gagner ma vie aussi bien qu'homme de Florence, et que, tous frais payés, il me restait encore quelques sequins pour avoir une robe neuve et un béret galonné, s'il m'en prenait fantaisie, ou pour souper joyeusement avec dix ou douze amis par un jour solennel; cela est vrai. Mais, de ce que j'ai un peu hâté l'ouvrage et n'ai pas retouché vingt fois la même place, s'ensuit-il que je ne sois plus qu'un homme intéressé, sans conscience et sans vergogne, un peintre d'enseignes, un ouvrier à la tâche, barbouillant les murs à grande force de bras, rien que pour l'amour de l'argent? est-ce à dire que je ne suis plus un artiste, que je n'ai plus nul souci de l'honneur et de la renommée? Alors, qu'on me donne un sac d'écus et je m'accroupirai devant, les deux genoux en terre, adorant le dieu Plutus, ni plus ni moins que Jonathas, l'usurier du pont Vieux! Par la vie de mon père! c'est me traiter comme le dernier des misérables.

Et, s'animant par degrés, le jeune homme élevait peu à peu la voix, et pensait tout haut, comme s'il n'avait eu que Dieu et les murs du cloître pour témoins de son indignation et de ses plaintes.

— Ah! messer François Bigio, s'écriait-il avec une véritable colère, vous me traitez de cupide et d'avare! vous dites que je ne travaille plus que pour de l'argent! eh bien, que je ne puisse plus tenir un pinceau si je ne jette mes tableaux à la tête du premier venu, et mes fresques sur la première muraille blanche qui me tombera sous la main!... Voyons, qui veut des *Assomption*, des *Visitation*, des *Annonciation*, des *Sainte Famille* pour rien, pour rien du tout? Entendez-vous, bourgeois et moines de Florence?... Ah! je ne travaille que pour de l'argent!

Au moment où le monologue d'André atteignait le diapason le plus élevé, frère Mariano, le sacristain du couvent se leva de son petit banc, où il recevait les cierges et les autres offrandes des fidèles, et s'approcha doucement du jeune homme. Frère Mariano avait saisi les dernières paroles, et l'occasion lui avait paru trop belle pour ne pas faire tourner les dispositions de l'artiste à la plus grande gloire de Dieu et au plus grand profit de l'Église.

— Que saint Philippe vous protége, mon enfant! lui dit le moine d'une voix pleine d'onction en lui frappant paternellement sur l'épaule.

— Quel saint Philippe? répondit brusquement An-

dré comme un homme réveillé en sursaut. Que me voulez-vous, mon père? Où suis-je?

— Saint Philippe Benizzi, répondit flegmatiquement
le moine, le saint patron de l'ordre des Servites, fondé
en 1133 par sept jeunes florentins aussi pieux et aussi
jeunes que vous, mon garçon : vous êtes dans la cour
de son couvent, et vous voyez en moi l'humble sacristain de l'église.

— Pardonnez-moi, mon père, j'ai parlé peut-être un
peu trop ; une préoccupation assez vive m'avait fait oublier le saint lieu où je me trouve ; et, si vous ne
m'eussiez tiré par la manche de mon habit, il est probable que je suivrais encore le cours de mes divagations.

— Vous avez des chagrins, mon enfant?

— Pas précisément, mon père ; mais je n'ai pas sujet
d'être content d'un ami qui m'a parlé un peu trop du-
rement à mon avis, quoique, en vérité, je l'aime autant
que s'il était mon frère.

— Vous êtes peintre, je crois?

— Pour vous servir, mon révérend, répondit André
en ouvrant de grands yeux ébahis; car il n'imaginait
guère porter sa profession écrite sur le front, ne se
trouvant pas encore assez célèbre pour être montré
au doigt par les passants, et ne croyant pas avoir parlé
assez haut pour faire connaître à tout le monde le métier qu'il exerçait.

—En ce cas, mon ami, dit le sacristain en le prenant familièrement par le bras, faites-moi la grâce de me dire franchement ce que vous pensez de la fresque que voilà.

Et il l'entraîna à l'autre bout de la cour, devant la fresque d'Alesso Baldovinetti, qui représentait *la Naissance du Christ* ; peinture assez médiocre et presque entièrement effacée par le temps.

— Je pense, dit André par un sentiment de modestie et de réserve, qu'elle n'est pas assez bien conservée pour qu'on puisse en juger.

— Et que dites-vous de cette autre? continua le moine en lui montrant du doigt le *Saint Philippe* commencé par Rosselli, du côté opposé de la cour.

— Je dis, mon père, que Cosimo Rosselli a mieux fait que cela, et que, si la mort lui avait laissé achever sa fresque, il eût corrigé certainement ce qu'on y voit de trop sec, de trop dur et de trop anguleux.

— Bien jugé, jeune maître. Mais, hasarda le sacristain d'une voix timide, vous sentiriez-vous la force d'entreprendre la décoration entière de ce cloître, et de peindre sur ces beaux murs vides l'histoire de notre saint protecteur?

— Pourquoi pas? répondit André, dont les yeux étincelèrent d'un noble orgueil.

— Et que diriez-vous, jeune homme, si je vous choisissais pour exécuter un tel ouvrage?

— Je ferais tous mes efforts pour justifier la confiance que vous auriez placée en moi sans me connaître.

— N'est-ce pas que ce serait un travail à faire la réputation d'un artiste? dit frère Mariano.

— Et sa fortune! ajouta André.

— Hein! s'écria le moine en reculant de trois pas, comment l'entendez-vous?

— Je dis, mon père, reprit André, qui venait d'oublier tout à coup son monologue, que, même en estimant ces peintures au prix le plus modique, il y aura de quoi enrichir l'artiste qui en sera chargé.

— Comment! vous auriez la bassesse de marchander quelques toises de fresques à saint Philippe Benizzi?

— Ce n'est pas à saint Philippe que je prétends vendre mon travail; c'est à vous, mon père, et aux religieux de votre estimable couvent.

— Mais songez, jeune homme, que nous faisons vœu de pauvreté.

— Mais songez, mon père, qu'il y a là pour quatre ou cinq mois d'ouvrage, et que je ne suis pas assez riche pour travailler uniquement pour mon plaisir.

— Nous n'avons pas un sou, mon enfant.

— Aussi n'est-ce pas vous, mon père, mais bien les fidèles qui payeront ces peintures.

— L'aumône ne va pas, mon fils.

— Inventez d'autres miracles, mon père.

II. 10

— C'est vous qui devriez me payer, au contraire. Cette cour est continuellement ouverte au public ; des citoyens et des étrangers de tout rang et de tout sexe la visitent à toute heure, et le peintre qui aura le bonheur de signer son nom au bas de ces fresques sera l'homme le plus estimé, le plus illustre et le plus riche non-seulement de Florence, mais de toute l'Italie.

— Oui ; mais, en attendant, il mourra de faim.

— Fi donc ! j'avais cru que vous visiez plus haut, et que vos désirs n'aspiraient qu'à une récompense céleste.

— Mais le tailleur, l'aubergiste, le marchand de couleurs ne se payent pas de cette monnaie, mon révérend, et je serais bien reçu si, lorsqu'ils viennent me réclamer ma dette, je leur montrais le ciel pour toute réponse.

— Allons, je vois que vous n'êtes guère raisonnable.

— Pour vous prouver combien je le suis, je vais vous faire une proposition que pas un apprenti de Florence ne voudrait accepter.

— Voyons, fit le sacristain en le regardant fixement.

— Je ne vous demande que deux cents florins pour chaque tableau.

— Deux cents florins ! s'écria le moine avec un accent d'épouvante.

— Il y a à peine de quoi payer mes journées.

— Deux cents florins !

— Je dépenserai presque autant en couleurs.

— On m'avait bien dit que vous n'étiez qu'un juif.

— Que dis-tu, frère ? s'écria André en devenant blème de colère.

— Que vous aimez l'argent par-dessus tout, par-dessus votre art, par-dessus la gloire, par-dessus le salut de votre âme.

— Eh bien, si vous trouvez un homme à Florence qui entreprenne ces peintures pour un sou de moins, je consens.

— Mais certainement qu'il s'en trouve, et des artistes de conscience et de talent, Dieu merci, qui me prient de leur allouer l'ouvrage pour la moitié de ce que vous demandez ; et, tenez, pas plus tard qu'hier, un de nos jeunes peintres les plus distingués est venu se mettre entièrement à ma disposition.

— Et quel est le nom de ce peintre ?

— Je n'ai aucune raison de le cacher. Il s'appelle...

— Il s'appelle ?...

— Il s'appelle Francia Bigio.

André bondit à ce nom ; il prit le sacristain par les plis de sa robe, et lui répéta d'une voix saccadée :

— Vous dites que celui qui se charge de vos peintures, c'est... ?

— Francia Bigio ; ne le connaissez-vous pas ?

— C'est mon meilleur ami.

— Est-ce que vous ne le croiriez pas capable de s'acquitter dignement de la commission ?

— Il a quatre fois plus de talent que moi.

— A la bonne heure.

— Et quel prix vous a-t-il demandé pour chaque fresque ?

— Mais, mais…, balbutia frère Mariano pris au dépourvu, il m'a demandé soixante florins par tableau.

— Francia Bigio ?

— Francia Bigio.

— Eh bien, alors, je le ferai pour rien…

— Oh ! oh ! je ne prétends pas non plus…

— Pour rien, vous dis-je.

— Vous allez toujours aux excès.

— Ne suis-je pas maître de donner pour rien mes heures, mes journées, mes pinceaux, mes cartons, mes couleurs ? s'écria André emporté par la colère, et se promenant à grands pas dans le cloître. Ah ! nous verrons, mon cher Francia , lequel de nous deux aura le droit d'adresser des reproches à l'autre. Vous demandez huit ducats à peu près pour des fresques qui en valent au moins cinquante ; eh bien, je vais les faire pour rien du tout, moi ; on verra lequel est le plus désintéressé de nous deux.

Puis, s'arrêtant tout à coup devant frère Mariano, qui le regardait tout inquiet, craignant d'avoir affaire à un fou, il lui dit avec une grande volubilité :

— Voyons, que faites-vous là, droit et immobile comme un pilier de couvent, et qu'avez-vous à me regarder ainsi ? Courez donc chercher une plume et du papier, et signons l'acte.

— Calmez-vous, mon enfant ! je ne veux profiter des fatigues de personne.

— Voulez-vous de moi, oui ou non ? Je me nomme André del Sarto ; vous pouvez vous en informer dans les ateliers de Florence : on vous dira que je suis homme à tenir mes engagements, et à m'en acquitter aussi bien qu'un autre.

Frère Mariano, qui connaissait parfaitement le jeune homme, s'inclina avec une modestie hypocrite, comme s'il venait d'apprendre pour la première fois à qui il avait affaire, et répondit d'une voix doucereuse :

— Je n'ai pas besoin de prendre des informations sur vous, maître André ; tout jeune que vous êtes, votre nom est assez connu à Florence, et il n'y a pas si loin de notre église à la confrérie dello Scalzo, pour que je n'aie pas admiré maintes fois votre *Baptême du Christ* et votre *Prédication dans le désert*. Voici que le cloître commence à se peupler de curieux. Il n'est pas nécessaire que tous les dévots de la ville sachent nos arrangements. Veuillez me suivre dans ma cellule, et, puisque Dieu et saint Philippe Benizzi vous ont inspiré une si bonne résolution, c'est à moi à vous la rendre agréable et fructueuse autant que mes petits moyens me le permettent.

Et, saluant de nouveau, il montra l'escalier au jeune peintre et se mit en devoir de le précéder jusqu'à sa chambre. Arrivées dans la cellule, les deux parties contractantes furent bientôt d'accord ; car André avait hâte de se venger à sa manière des reproches de son ami, et frère Mariano n'en croyait pas ses yeux de se voir arrivé si promptement au but de ses désirs ; seulement, pour empêcher qu'André ne se repentît plus tard de sa sotte équipée, et pour ne point paraître trop voleur aux yeux de la ville lorsque les conditions de ce singulier marché viendraient à s'ébruiter, le moine exigea formellement que l'artiste acceptât le prix de dix ducats ou quatre-vingt-dix-huit florins pour chaque tableau.

— Je sais que c'est un sacrifice énorme pour le couvent, ajouta le sacristain en poussant un long soupir, et que nos pauvres pères auront bien des messes à dire pour amasser une telle somme ; mais on ne saurait trop faire pour un artiste tel que vous, et je prends sur moi la responsabilité d'une si lourde affaire.

André signa sans lire, serra la main au moine, lui

dit : « A demain ! » et courut chez lui, fier et joyeux, pour donner à son ami Francia Bigio une réponse à laquelle il était loin de s'attendre.

Le pauvre Francia, désolé de ne pas avoir mis plus de ménagements dans la remontrance qu'il avait cru devoir adresser à son camarade, comptait les heures avec impatience, et se promettait, dès qu'André serait de retour, de se jeter dans ses bras et de lui demander pardon de la vivacité et de l'amertume de ses paroles. Mais, voyant dans les yeux et sur le front de son ami une expression de fierté et de triomphe qui ne lui était pas habituelle, il le regarda avec surprise et remit son explication à un autre moment.

— Bonjour, Francia, dit gaiement André en jetant sa barrette sur le bahut; que dit-on de neuf à Florence?

— Comme te voilà joyeux, mon ami !

— Comme un homme qui vient de conclure une excellente affaire, au bout de laquelle il y a de l'argent, beaucoup d'argent, répondit André avec intention.

— Écoute, mon ami André, tu es fâché de quelques paroles que je t'ai adressées hier au sujet des nouvelles habitudes que je te vois contracter. Pardonne-moi, je n'ai pas cru t'affliger. Tu sais bien que c'est mon amitié pour toi, ma tendresse plus que fraternelle qui m'a fait parler. Peut-être me suis-je trompé, peut-être ai-je été trop sévère. Oublions ce fâcheux moment, et qu'aucun nuage ne trouble plus notre amitié.

— Mais je ne t'en veux pas du tout, mon ami, et, pour te prouver que je ne demande pas mieux que de suivre tes conseils, j'entreprends dès demain un ouvrage très-long et très-sérieux, qui me fera, je crois, quelque honneur.

— Tu m'apprends là, mon cher André, une heureuse nouvelle ; et quel est cet ouvrage ?

— Le cloître des Servites : il y aura une dizaine de fresques, qui seront vingt fois plus importantes que nos histoires de saint Jean.

— Tant mieux pour toi, mon bon André ! ce travail ne peut manquer d'augmenter ta renommée, et de t'assurer une large et commode existence.

— Ah ! tu dis tant mieux ! tu n'es donc pas fâché que j'aie obtenu ces peintures ?

— Y penses-tu ? pourquoi cette question ? est-ce une moquerie ? est-ce une vengeance ? Tu es bien cruel, mon frère ! N'importe, n'en parlons plus. Et quelles conditions t'a-t-on faites ?

— Magnifiques ! dix ducats pièce.

— Dix ducats pour chaque composition ?

— Qui aura quinze personnages ; est-ce cher ?

— Mais cela n'est pas possible : on n'a pas pu t'offrir dix ducats.

— Quatre-vingt-dix-huit florins, si tu aimes mieux.

— C'est un vol trop scandaleux; il t'en coûtera le double en couleurs.

— Que veux-tu! il a fallu en passer par là, puisqu'il se trouvait quelqu'un qui les aurait faits pour six.

— Tu te ris de moi, André! et quel est le fou ou le bouffon qui a mis en avant une telle plaisanterie?

— Mais... un nommé Francia Bigio.

Francia se leva pourpre de colère.

— C'est pousser trop loin la raillerie, dit-il en s'avançant d'un pas, et tout autre que toi ne s'amuserait pas ainsi à mes dépens par le saint jour où nous sommes.

— Je te dis très-sérieusement qu'on vient de m'affirmer tout à l'heure, aussi vrai que je m'appelle André, que tu ne demandais pas mieux que de peindre le cloître au prix de soixante florins d'argent par chaque fresque.

— Quiconque a dit cela en a menti.

— Celui qui l'a dit est frère Mariano, le sacristain des Servites.

— Il a étrangement abusé de ta crédulité; mais le piége est trop grossier pour que tu t'y sois laissé prendre.

— Comment! tu n'as pas vu frère Mariano?

— Je ne lui ai jamais parlé de ma vie.

— Tu n'aurais pas entrepris ce travail à de telles conditions?

— Me crois-tu fou?

— Ainsi donc ce moine...?

— S'est moqué impudemment.

— Sang et furie !

— Eh ! mon Dieu, que veux-tu faire? Si c'était un homme, il y aurait de quoi s'en fâcher ; mais c'est un sacristain. Que cela te serve d'avertissement ; une autre fois, lorsqu'il viendra te faire des contes, tu le renverras à son *banc des chandelles*.

— C'est trop tard, murmura le pauvre André en rougissant de confusion et de honte.

— Que veux-tu dire?

— Je viens de signer un engagement en bonne forme. Volé comme dans une église !

— Pauvre André ! dit Francia en lui serrant la main avec un sentiment d'intérêt et de compassion.

Il y eut un silence de plusieurs minutes : les deux amis regardaient le sol et s'adressaient chacun pour sa part de muets reproches.

— Allons, fit André en rompant ce silence, ce qui est écrit est écrit, n'y pensons plus ; cela m'apprendra à ne plus me défier de toi, mon cher Francia. Après tout, ajouta-t-il gaiement, je ferai, comme l'a dit le frère, ma réputation dans ce monde et mon salut dans l'autre.

Et, comme il était désormais impossible de revenir sur le passé, André *(che dolce è buono uomo era!)* se mit le lendemain même à l'ouvrage.

Le premier tableau a pour sujet la rencontre du lépreux à *Buon-Convento*, et, quoique, dans cette fresque, André del Sarto soit encore loin d'avoir atteint cette maturité de contours et cette harmonie de tons qui l'ont fait surnommer par Lanzi *le Tibulle de la peinture,* auprès de l'ouvrage de Rosselli, l'ouvrage d'André était un chef-d'œuvre.

La fresque suivante, où l'on voit les blasphémateurs frappés de la foudre, est admirable de mouvement, d'expression, de couleur.

L'épouvante jetée dans la foule par ce châtiment de Dieu si terrible et si brusque, est rendue de main de maître.

Deux de ces impies railleurs sont étendus par terre, au pied d'un arbre, sans mouvement et sans vie ; les autres, se tenant la tête à deux mains, égarés, perdus de terreur, se précipitent sans savoir où, et poussent des hurlements que vous croiriez réellement entendre rien qu'à voir la contraction de leur bouche et la dilatation effrayante de leurs prunelles : une femme, hors d'elle-même, écrasée, paralysée presque par l'éclat du tonnerre, ne sait plus par où fuir.

C'est la nature prise sur le fait. Profitant du tumulte,

un cheval a rompu son frein et par ses bonds furieux achève de mettre tout ce qui l'entoure en confusion et en déroute. Un seul homme est calme au milieu de l'émotion générale : c'est le saint.

A sa gauche et à sa droite sont deux humbles moines oubliés, je ne sais pourquoi, par Vasari, dans lesquels André del Sarto a exprimé d'une manière inimitable la lassitude et la fatigue qu'a dû produire sur ces bons religieux une si longue montée. La scène se passe au sommet d'une colline, et le paysage est très-bien traité dans ce délicieux tableau, où l'on ne sait ce qu'on doit admirer le plus, de la distribution des groupes, du choix des attitudes, ou de la perfection désespérante du coloris.

Le troisième tableau, dans lequel André del Sarto s'est encore surpassé, représente une jeune fille exorcisée par saint Philippe. Les expressions manquent pour louer dignement ce chef-d'œuvre ; car le progrès de l'artiste est toujours ascendant, et, dès qu'on a employé le peu de mots que la langue nous prête pour exprimer l'admiration et l'enthousiasme, on tomberait dans la monotonie et dans les redites.

André ne s'arrêtait pas cependant dans la noble voie qu'il s'était tracée. Son amour-propre satisfait le consolait de tous les sacrifices.

La pauvreté est belle et joyeuse lorsqu'un rayon de

gloire vient dorer les haillons dans lesquels elle se drape plus fièrement qu'un roi dans sa pourpre.

Il fit sur une façade de la cour la mort du saint, entouré des frères qui le pleurent : sujet d'une simplicité touchante, dans lequel il a su trouver un contraste d'un effet neuf et surprenant.

Un petit enfant, qui venait de mourir quelques heures avant le saint, est porté par ses parents éplorés près de la bière où le serviteur de Dieu repose dans la paix éternelle. A peine le petit cadavre a-t-il touché l'arche sainte, qu'il est rendu à la vie et aux larmes de sa mère.

On le voit courir plus loin, dans un autre plan de la fresque, plein de santé et de force.

Cette peinture a l'avantage sur les autres d'être parfaitement conservée, et on ne saurait dire quel charme secret, quelle pieuse et céleste douceur s'emparent à la fois de l'âme et des sens de ceux qui la contemplent. C'est un des plus consolants triomphes de l'art chrétien.

Le cinquième tableau n'appartient déjà plus qu'à l'apothéose posthume de saint Protagoniste : c'est celui qui clôt la série des sujets tracés par notre peintre sur le côté de la cour.

Le coloris en est parfait dans la plus stricte acception du mot. Ce sont des frères servites qui posent la robe miraculeuse du saint sur la tête des retits enfants.

On ne saurait rien rêver de plus gracieux et de plus animé. Dans un coin du tableau, André a placé la figure d'un vieillard au dos voûté, à la tête vénérable, vêtu d'une robe rouge, et s'appuyant sur un bâton. C'est le portrait du célèbre sculpteur Andrea della Robbia.

Une belle gravure de Girolamo Notto a reproduit les traits de cette dernière composition, où l'âme du grand artiste a révélé ses plus riches trésors.

Le succès obtenu par cette partie du cloître des Servites a peu d'exemples dans l'histoire de l'art.

André del Sarto épuisa la coupe enivrante des louanges et des ovations publiques. Il faut cependant rendre justice à son cœur : au milieu de ce fracas si envié et si stérile qui se fait autour des triomphateurs, une poignée de main de son ami Francia, un sourire approbateur lorsqu'il rentrait au logis, une remarque éclairée et bienveillante étaient mille fois plus doux à André que tous les applaudissements de la foule.

L'amitié des deux artistes, agitée par quelques dissentiments passagers, était sortie de l'épreuve plus rayonnante et plus pure. Cette fois, Francia Bigio s'applaudissait ouvertement d'avoir grondé son frère, et de l'avoir ainsi précipité par les deux épaules à travers le cloître du frère Mariano. Il est vrai qu'André avait été à deux pas de sa ruine. Mais quelle misère pourrait payer une telle gloire!

Cependant, bon gré, mal gré, il faut vivre. Les ressources des deux amis, qui étaient loin d'être considérables, s'étaient englouties dans le gouffre du marchand de couleurs.

Comment suffire à une si effrayante consommation de pinceaux et de brosses? Le crédit commençait à s'épuiser, et le pauvre André, nourri de gloire et de bénédictions, devenait d'une maigreur à faire envie aux saints gothiques. Il fallut en finir.

Un beau matin, tandis que frère Mariano se frottait les mains en regardant les chefs-d'œuvre qu'il venait de gagner à son église à force de génie et de ruse, tandis qu'il souriait avec une véritable béatitude en songeant au surcroît d'offrandes qu'apporterait à son couvent l'autre partie du cloître, lorsqu'elle serait achevée dans la même perfection et surtout au même prix que la première, André entra dans la cour plus frais et plus dispos que jamais.

— Ah! vous voilà, mon enfant, dit le sacristain en courant à sa rencontre, soyez le bienvenu. Le travail vous attend, l'échafaudage est déjà dressé, et le crépi est tout prêt. Que Dieu et notre saint patron bénissent vos pinceaux et soutiennent votre bras comme ils l'ont fait jusqu'ici! Allez, mon fils! je ne vous demande qu'une chose, c'est que la seconde partie de votre œuvre ressemble à la première.

— Ah çà ! frère Mariano, dit André d'un air moitié sérieux, moitié goguenard, regardez-moi bien en face. Vous souvient-il de ce que vous m'avez dit lorsque j'ai commencé ces peintures?

— Que vous ai-je dit, mon doux Jésus ! et où voulez-vous en venir avec vos questions ?

— Vous m'avez dit, sacristain de mon cœur, que je vous devais des remercîments et des chandelles pour m'avoir donné la préférence sur je ne sais combien d'artistes qui vous obsédaient nuit et jour pour peindre votre cloître.

— C'était la pure vérité.

— Vérité de moine, mon révérend ; mais ce n'est pas de cela qu'il s'agit. Vous avez ajouté que, si je m'acquittais en conscience de la tâche que vous vouliez bien me confier, je ferais ma réputation sur la terre et mon salut dans le ciel, n'est-il pas vrai, mon père?

— Vous ai-je trompé, mon fils? votre nom n'est-il pas aujourd'hui dans toutes les bouches? n'entendez-vous pas le chœur de bénédictions et d'éloges qui s'élève devant vos peintures? moi-même et mes pieux confrères ne disons-nous pas des messes à votre intention?

— Vous trouvez donc que j'ai acquis quelque célébrité ?

— Vous êtes le premier peintre de Florence.

— Et que mes travaux auront quelque poids dans la balance de Dieu?

— Je suis convaincu, mon fils, que l'homme qui a si bien peint l'histoire de notre glorieux saint Philippe ne peut manquer d'avoir une place parmi les élus du Seigneur.

— Eh bien, mon père, puisque, de votre aveu, je suis le premier peintre de Florence, puisque, dans votre conviction, j'ai gagné ma part de paradis, je ne veux plus travailler à vos peintures.

— Comment! Que dites-vous, malheureux?

— C'est clair! ma réputation est faite, et je ne puis plus rien gagner de ce côté-là. Mon salut est assuré, et on ne peut pas occuper deux places dans le ciel. Donc, recevez mes remercîments bien sincères, et donnez-moi votre bénédiction.

— Un moment, mon maître, dit frère Mariano en l'arrêtant par un bout de son pourpoint, vous en parlez bien à votre aise. Vous oubliez, je crois, certain engagement signé dans ma cellule. Il suffira, pour vous le remettre en mémoire, de vous en répéter le commencement :

« Moi, soussigné, Andrea Vanucchi del Sarto, peintre florentin... »

— C'est inutile, mon révérend, vous savez bien par quelle ruse indigne vous avez abusé de ma bonne foi.

J'irai devant les Huit; j'ai de bons témoignages. Francia Bigio, mon plus tendre ami, dont vous vous êtes fait une arme pour m'induire en erreur, dira aux juges que vous avez rêvé, pour ne point vous dire que vous en avez menti. Le contrat sera déclaré nul. Il y a encore une justice à Florence.

— Tout cela ne fait rien à l'affaire. N'importe de quelles raisons je me sois servi pour vous engager à accepter un travail qui, en définitive, a tourné à votre avantage, vous n'étiez pas un enfant, vous avez signé en parfaite connaissance de cause, vous serez condamné.

— Et quand même je le serais, y a-t-il une loi sur la terre qui puisse m'obliger à faire un chef-d'œuvre?

— Mais l'honneur?

— J'ai déjà fait mes preuves ; je montrerai ailleurs ce que je vaux.

— Et la conscience?

— Il vous sied bien d'en parler, mon père!

— Enfin, bien ou mal, vous achèverez ces peintures, cela vous regarde.

— Je m'en irai à Rome ou à Venise plutôt que de donner un coup de pinceau sur le mur que voilà.

Et André del Sarto, dont la colère s'était peu à peu échauffée, fit un mouvement pour s'éloigner.

— Voyons, mon fils, dit le sacristain en courant après lui d'un air suppliant, que faut-il faire pour vous retenir? Nous sommes pauvres comme les plus pauvres mendiants; mais il n'est pas de sacrifice qui nous coûte pour la gloire de notre saint protecteur. Si vous m'aviez refusé lorsqu'il était temps, j'aurais avisé à d'autres moyens; mais, maintenant que la moitié de l'ouvrage est faite, je suis bien obligé de vous donner l'autre moitié. Mettez-vous dans le froc d'un pauvre sacristain. Toute la colère du couvent retomberait sur moi; et quand je devrais labourer la terre avec mes ongles, quand je devrais brûler des bouts d'étain pour bougie, je ne souffrirai jamais qu'on me reproche d'avoir manqué à mes devoirs... Allons, mon petit André, ajouta-t-il avec un soupir, vous touchez déjà pour chaque fresque dix ducats?

Ici, frère Mariano fit une pause, comme s'il avait calculé mentalement combien de jours il fallait pour amasser, sou par sou, une somme si énorme.

André fit un nouveau pas vers la porte.

— Eh bien, je prends sur moi, sur ma bourse, sur mes économies, d'ajouter aux dix ducats que je vous ai payés bien exactement, vous me rendrez cette justice, la somme de cinq florins en argent.

— Impossible, laissez-moi m'en aller.

— Dix!

— J'irai à Naples.

— Vingt!

— J'irai en France.

— Oh ! vous me serrez mon cordon à la gorge, vous abusez de ma position. C'est mal, c'est très-mal.

— Écoutez-moi, frère Mariano, dit André en riant ; je ne viens pas ici pour vous marchander mon ouvrage, comme s'il s'agissait d'un quartier de bœuf ou d'une aune de soierie ; mais, en vérité, je ne puis plus m'endetter ainsi pour vous faire plaisir, à vous et à saint Philippe Benizzi. Ce que je vous dis là n'est peut-être ni bien poétique ni bien orthodoxe ; mais un peintre ne cesse pas d'être homme. Voilà six grands mois que je jeûne comme vous ne l'aurez jamais fait de votre vie. Regardez ma figure auprès de la vôtre. J'envie votre embonpoint et vos couleurs, et je me taillerais volontiers un pourpoint neuf dans le drap bien chaud et bien luisant de votre froc.

— Achevez, grand Dieu !... dit le sacristain avec angoisse. Je vois que vous avez soif de mon sang.

— Dieu m'en préserve ! je ne suis pas encore altéré à ce point. Non, mon père, vous ne me donnerez que quarante-deux florins de plus.

— Aïe !

— Pour que je puisse au moins me couvrir de mes frais, et j'achèverai, pour l'amour de Dieu, ces malheureuses fresques. Si vous voulez, François Bigio m'aidera, et nous en sortirons plus vite à notre honneur. Seulement, je vous demande la permission de laisser un peu votre cloître se reposer. J'aurai le temps de bien préparer mes cartons et de faire des études. En attendant, je travaillerai ailleurs.

Frère Mariano se récria sur tous les points ; mais, comme il était à la merci de l'artiste, force lui fut d'accorder tout ce qu'on lui demanda.

André profita bientôt de la victoire, ou plutôt de la trêve qu'il avait pu obtenir. L'ouvrage ne lui manquait pas, Dieu merci, et tout le monde ne réglait pas ses prix sur l'avarice du sacristain des Servites.

Le premier travail important qu'il entreprit à cette époque fut la décoration du réfectoire de Saint-Salvi. André peignit dans la voûte saint Benoît, saint Giovanni Gualberto, saint Salvi et saint Bernard des Uberti, appartenant tous les quatre à l'ordre de Vallombrosa. Au milieu, dans un grand médaillon circulaire, il fit une seule figure à trois faces pour indiquer les trois personnes divines, manière un peu naïve de représenter la Divinité, et qui fut défendue dans la suite par une bulle expresse d'Urbain VIII.

Il n'avait pas fini son cénacle, que Baccio d'Agnolo lui commanda de peindre à fresque une *Annonciation* sur un coin du Marché-Neuf. Vasari accuse André, à ce sujet, d'être descendu à de trop minutieux détails, et d'avoir péché par excès de travail ; mais ce tableau est tellement endommagé par le temps, qu'il en reste à peine quelques traces.

Baccio Barbadori, Lorenzo Borghini et Leonardo del Giocondo ont possédé également des sujets religieux de la main d'André.

Carlo Gironi lui en demanda deux de grandeur moyenne, achetés ensuite par Octavien de Médicis, et entièrement perdus aujourd'hui.

A la même époque appartiennent les trois *Annonciation* que l'on conserve dans le palais Pitti; l'*Histoire de Joseph*, qu'il fit pour Zenobi Girolani; le petit tableau de *la Vierge entre saint Jean-Baptiste et saint Ambroise*, pour la confrérie della Neve; une *Madone*, pour André Sansini, et la célèbre *Sainte Famille* de Giovani Goddi, chef-d'œuvre de grâce et de coloris dont Vasari fait le plus grand éloge.

Mais le lecteur nous permettra d'interrompre le catalogue des nombreux tableaux de religion répandus en Italie et à l'étranger par André del Sarto, pour raconter un événement qui eut la plus fatale influence sur la vie et le talent de notre artiste.

Un jour, comme André passait par hasard dans la rue San-Gallo, il vit sur le pas de sa porte une jeune femme d'une admirable beauté. A cette apparition inattendue, l'artiste s'arrêta net, ses genoux tremblèrent, son sang reflua vers son cœur, il sentit que quelque

chose de froid lui pénétrait dans les os. C'était un de
ces coups dont on meurt, qu'on peut éviter quelquefois, mais dont on ne guérit jamais. La belle Florentine, après avoir reposé longtemps sur le jeune homme
ses grands yeux langoureux, changeant tout à coup
d'expression, sourit dédaigneusement et rentra dans sa
boutique.

André demeura comme frappé de la foudre. C'en
était fait de lui, le soleil de son âme avait disparu avec
le regard de cette femme; il venait de l'apercevoir à
peine et il sentait déjà qu'il ne pouvait plus vivre sans
elle.

L'amour rend généralement gauche et timide; mais
notre André avait peu à perdre de ce côté-là; car, ainsi
que nous l'avons dit, il était modeste et craintif comme
une jeune fille. Non-seulement il n'osa pas entrer dans
le magasin, comme tout autre eût fait à sa place, mais
il s'empressa même de quitter la rue, dont les pavés
semblaient lui brûler la plante des pieds.

La nuit, lorsque la ville fut entièrement plongée
dans le silence et dans les ténèbres, il vint errer comme
une âme en peine devant cette maison, qui renfermait
la destinée de sa vie, se promettant vingt fois que, le
lendemain, il aurait plus de courage; mais, le lendemain, dès que le jour naissant vint éclairer sa pâleur,
il s'enfuit comme un criminel surpris en flagrant délit.

Cependant ce regard, ce sourire qui avaient à jamais décidé de son sort, enfoncés dans sa poitrine comme deux flèches brûlantes, le suivaient partout sans repos ni trêve. Les pinceaux lui tombaient de la main s'il essayait de travailler; le plaisir se tournait en poison s'il cherchait à se distraire.

Francia Bigio, inquiet de ce nouveau changement de son ami, lui adressa quelques questions qui restèrent sans réponse. Sansovino, dont les principes étaient moins sévères et la gaieté plus communicative, fit subir au pauvre André toutes les railleries imaginables sans pouvoir lui arracher un mot. Ce dernier, pour triompher de la mélancolie d'André, l'emmena à un souper de joyeux compagnons. On l'assaillit de toutes parts, on le pria, mais son secret ne sortit pas de sa bouche.

Après dix ou douze jours d'hésitations et d'angoisses, André se décida enfin à prendre un parti. Il fallait lui parler ou mourir.

Poussé par cet instinct de conservation qui n'a jamais abandonné personne, pas même les amoureux, et transigeant en quelque sorte avec la peur, le pauvre peintre se hasarda de nouveau à traverser la rue San-Gallo en plein jour ; mais, à la seconde maison, son courage s'évanouit, et il pensa tomber en défaillance.

Heureusement ou malheureusement pour lui, si on

considère les suites funestes de sa passion, une vieille
femme, d'une mine assez suspecte, était assise devant
la porte, tout près de l'endroit où il avait failli se
trouver mal.

— Qu'avez-vous donc? s'écria la vieille en joignant
les mains. Vous êtes pâle comme un revenant! Entrez
chez nous, mon jeune seigneur ; vous allez boire un
verre d'eau et vous reposer quelques instants.

— Merci, ma brave femme, lui dit André en accep-
tant l'offre de la vieille ; car il, sentait, en effet, que ses
forces allaient lui manquer, et qu'il lui eût été impossible de faire un pas de plus.

Dès qu'il fut remis, André tira un florin de sa bourse,
et, l'ayant glissé discrètement dans la main de la
vieille, pour son empressement, il allait se lever ; mais,
en jetant un coup d'œil sur la chambre dans laquelle il
se trouvait, et sur la vieille femme qui se confondait
en révérences, André devina à peu près à qui il avait
affaire. Il vit dans ce secours imprévu, que le ciel ou
le diable avait mis sur sa route, le seul espoir de salut
auquel il pût s'accrocher.

— De grâce, ma bonne mère, dit-il en se tournant
vers la vieille et rougissant jusqu'au blanc des yeux,
sauriez vous me dire quelle est cette femme d'une si
grande beauté qui demeure dans cette rue, en face, et
quatre ou cinq portes plus haut que votre maison ?

— Je sais de qui vous voulez parler, répondit la vieille avec un sourire équivoque. Il n'y en a pas une autre, ni dans la rue, ni dans le quartier, ni dans la ville, ni dans le paradis du bon Dieu, qui soit plus belle, plus fraîche, plus avenante que ma voisine.

— Vous la connaissez donc? demanda André, dont le regard brilla tout à coup; vous savez son nom? qui est-elle?

— C'est madame Lucrezia del Fede, la femme du bonnetier Carlo Recanati.

— Mariée! dit le jeune peintre avec un cri de douleur.

— Si ce n'est que cela qui vous tourmente, reprit l'affreuse vieille avec une expression sinistre, le pauvre cher homme n'en a pas pour longtemps : un souffle suffirait pour l'emporter ; d'ailleurs, il est à la campagne.

— Et crois-tu que sa femme veuille prendre en pitié un malheureux qui l'adore, et qui ne saurait plus vivre sans respirer l'air qu'elle respire, sans se brûler au feu de ses regards, sans s'enivrer du son de ses douces paroles?

— Sans doute, si celui qui l'aime vous ressemble un peu, mon jeune seigneur!

— Va, cours! prends cette bourse, il y a une dizaine de ducats. Ce ne sont que des arrhes. Parle-lui de mon amour ; et, si tu reviens avec une bonne nouvelle...

ah! ne me la donne pas trop vite... la joie me tuerait.

— Permettez que je vous baise les mains , mon prince.

— N'es-tu pas encore partie? Songe que tu me laisses entre la vie et la mort.

Le lendemain, lorsque André del Sarto parut au cloître des Servites, il était radieux. Il serra à plusieurs reprises Francia Bigio sur son cœur. Il parlait tout seul et tout haut en esquissant d'une main rapide les admirables groupes de *la Naissance de la Vierge*. Sa joie débordait par tous ses pores ; ses discours avaient quelque chose de heurté, d'incohérent ; ses yeux brillaient d'un éclat extraordinaire ; puis, de temps à autre, il retombait comme dans une muette extase, et des larmes coulaient silencieusement sur ses joues.

La journée finie, il disparut pour quelques heures. Lorsqu'il rentra vers minuit, ce fut un nouveau redoublement de joie et transports ; il frappa les murs de sa chambre, il répétait toutes les chansons qu'il avait apprises dans son enfance. Aux questions que Francia lui adressait, il ne répondait que par ces mots :

— Je suis heureux! ah! mon ami, je suis heureux!

Francia Bigio respecta sa joie comme il avait autrefois respecté son chagrin, et il n'insista pas pour en savoir davantage.

Cependant l'ouvrage avançait, quoique, à vrai dire,

André se permit de longues absences. Bientôt son secret n'en fut plus un pour personne. Mais les amoureux sont comme les enfants : dès qu'ils ont mis la main sur leurs yeux, ils s'imaginent être parfaitement cachés, et, parce qu'ils ne voient pas les autres, ils croient que personne ne les voit.

— Comment trouves-tu ces petits enfants qui jettent des fleurs? demandait-il à Francia Bigio, qui peignait à côté de lui sa belle fresque du *Mariage de la Vierge.*

Et Francia, sans lui demander d'où il venait si essoufflé, lui répondit simplement :

— Je les trouve charmants.

— Et les femmes qui préparent le berceau? et les amies, et les commères qui s'en viennent visiter sainte Anne? et ce petit garçon qui se chauffe auprès du brasier? et le vieillard étendu sur son lit de repos?

Francia ne tarissait pas en éloges; car, réellement, la composition d'André était magnifique, et jamais il n'avait déployé une telle grandeur de style, une telle grâce d'expression, une telle morbidesse de coloris.

Un jour, il vint prendre Francia sur son échafaudage et le pria de monter sur le sien. Il fit placer son ami au point de vue convenable, et découvrit avec une grande émotion une figure de femme qu'il venait d'achever.

— Qu'en dis-tu? demanda André d'une voix tremblante.

— Très-bien, répondit Francia.

— N'est-ce pas qu'elle est belle?

— Elle est parfaitement dessinée.

— Et son front, ses yeux, son sourire?

— On ne peut plus gracieux; mais je te conseille de retoucher un peu ces draperies.

— Et non, mon ami, je ne te parle pas de ma figure, elle a beaucoup de défauts; mais, dis-moi, Francia, si une femme réelle et vivante ressemblait à cette esquisse, ne la trouverais-tu pas digne de l'amour des anges?

— Je ne vois dans une œuvre d'art que les qualités et les défauts de l'artiste. Je ne sais si ta figure est un portrait ou un rêve; mais, si c'est un portrait, avant de te donner mon avis sur l'original, il faudrait le connaître.

André ne répondit plus un mot, il était resté devant l'objet de son adoration muet et immobile comme un saint en prière. Il ne s'aperçut pas que Francia retournait à son travail en lui jetant un regard de pitié.

Une autre fois, André montra à son camarade une *Madone* qu'il venait de terminer pour un noble Florentin. L'âme de l'artiste était passée tout entière dans le chef-d'œuvre.

— Tu n'as jamais rien fait de si parfait, dit Francia sèchement; mais j'y trouve un grand défaut.

— Lequel? demanda André avec étonnement.

— Pardieu! tu ne vois donc pas que ta Vierge est enceinte!

André se mordit les lèvres; il allait répondre, mais Francia lui prit doucement les mains, et, l'entraînant près d'une croisée :

— Écoute, lui dit-il, je lis depuis longtemps dans ton cœur aussi clairement que si tu me répétais à haute voix ce qui s'y passe. Tu aimes et tu te crois aimé. Ne m'interromps pas, André ; voici déjà vingt fois que tu me montres le portrait de cette femme, et tu crois que tes yeux, que tes paroles, que ton silence ne te trahissent pas! Je ne sais si tu le fais exprès ou si ta main t'emporte malgré toi, mais cette femme est dans tous tes tableaux. C'est Lucrezia del Fede.

» Je ne t'en aurais jamais parlé, si ta passion pour la bonnetière de la rue San-Gallo n'était pas le sujet de toutes les conversations et la fable de tous les ateliers. Or, tu ne connais pas Lucrezia. Laisse-moi dire jusqu'à la fin ; tu ne la connais pas, cela est sûr. Elle est fille d'un père vicieux et perverti. Parle à qui tu voudras de Baccio del Fede. On te dira qu'il est un ivrogne, un joueur, bien pis que cela, un coupe-jarret; bien pis encore, il te vendrait sa fille et ses deux jeunes sœurs pour avoir de quoi payer une nuit de débauche. Tel père, telle fille. Parjure à son mari, crois-tu qu'elle te sera fidèle? Rentre en toi-même, s'il en est encore temps.

» Cette femme sera le malheur de ta vie et la ruine de ton talent. Déjà tu sacrifies à tes penchants grossiers la beauté pure et idéale de l'art. Tu ne respectes plus ton pinceau. Les traits de ta maîtresse sont dans toutes tes madones, et tu as poussé le scandale et le sacrilége jusqu'à la faire paraître sur l'autel des églises et aux yeux des fidèles révoltés, avec des signes très-visibles et très-avancés de grossesse.

Ici, Francia s'arrêta et regarda son ami avec une vive anxiété pour voir quel effet produisaient sur lui ses paroles.

— As-tu fini? demanda André d'une voix brève.

— Pourquoi cela?

— Adieu!

Et il s'élança vers la porte.

— Écoute-moi! où vas-tu?

— Si un autre m'avait tenu ce langage, il serait déjà étendu à mes pieds d'un coup de mon épée. Quant à toi, je n'ai qu'un mot à te répondre : celui qui me parle ainsi de la femme que j'aime n'est plus digne de me toucher la main comme ami.

— Malheur à toi! malheur à moi! malheur! malheur! dit Francia en sanglotant.

Et il cacha sa figure dans ses mains.

A dater de ce moment, André del Sarto fut perdu pour ses amis, pour l'art, pour la famille.

Il recommença sa vie de travail immodéré et de bruyants plaisirs. Inquiet et fiévreux, agité sans cesse par la tourmente de sa passion, devenu le jouet d'une femme capricieuse, despote, insensible, évitant la conversation et les sages conseils de Francia avec la répugnance de l'enfant malade qui repousse la coupe amère, seul espoir de guérison, André courait chercher dans l'atelier de Contucci, des distractions grossières ou folles avec Jean-François Rustici, Solomeo, Spillo, Racceli Robetta, orfévre, Baccelli, chanteur et musicien, et Lippi, le plus grand rieur de l'époque.

— Cela se trouve à merveille, dit un jour Sansovino à Sanzullo, André a le vin morose et l'amour larmoyant. Il est gai comme une nuit de vendredi saint; nous allons l'engager dans la *Compagnie du Chaudron* et celle *de la Truelle.*

Or, voici ce qu'étaient ces deux estimables compagnies. Nous demandons la permission à nos lecteurs d'entrer dans quelques détails : c'est toute la vie des artistes au xvie siècle.

Cellini nous fait des récits pompeux de ce joyeux festin où il habilla en femme son élève Diego, et s'amusa des madrigaux et des baisers que lui adressait la *vertueuse brigade.* Vasari, le plus gourmé et le plus sérieux historien de l'art et des artistes d'Italie, ne croit pas déroger à sa gravité en expliquant avec la plus minutieuse prolixité l'organisation secrète de ces compagnies, et en nous conservant jusqu'au menu des banquets solennels donnés tous les ans par les initiés.

La Société *du Chaudron* (*del Pajuolo*) tenait ses séances dans les salons de Rustici, à deux pas de l'appartement occupé par André.

C'était un original au premier chef que Rustici. Sa chambre était remplie d'aigles privés, de corbeaux savants et de porcs-épics facétieux.

Le bourgeois qui avait affaire à messer Giovanni Francesco, avant d'arriver jusqu'à lui, devait donc passer par une foule d'épreuves plus ou moins réjouissantes. Un grand aigle noir venait se poser sur son épaule et faisait craindre au malheureux le sort trop brillant de Ganymède. Le corbeau lui disait bonjour en trois ou quatre langues différentes, et le hérisson venait familièrement frotter à ses jambes bon nombre de petits dards aiguisés.

Après quoi, le maître de la maison se levait gracieusement, prenait par la main ce visiteur et le menait dans une autre chambre bâtie en guise de vivier, où le pauvre homme se trouvait au milieu d'une multitude effrayante de serpents, de crapauds, de couleuvres, qui venaient jouer autour de lui et s'entrelacer à son corps avec des nœuds et des replis à faire envie au groupe de Laocoon. Au reste, le bourgeois en était quitte pour la peur, car tous les animaux de Rustici passaient pour être parfaitement élevés, et le maître avait une réputation de jongleur tant soit peu entachée de sorcellerie.

Les membres du *Chaudron* ne pouvaient être plus de douze. Un *provéditeur* était élu tous les ans pour ordonner les repas et présider aux fêtes.

Chaque membre était tenu de porter un plat de son invention, tous sous une forme bizarre et différente, pour servir au service de ces monstrueux pique-niques.

Si deux convives se rencontraient dans le même plat et dans la même forme, ils payaient amende, aux grands applaudissements de la joyeuse compagnie.

Voici la description exacte et historique du souper de réception d'André del Sarto :

La décoration de la salle à manger représentait un immense chaudron, au fond duquel étaient assis en rond les convives. La table était au niveau de l'eau bouillante, et, de temps à autre, les mets se soulevaient par un mécanisme intérieur et venaient à la surface. La manche du chaudron, qui touchait à la voûte, était formé d'un grand arc illuminé qui répandait sur la table des torrents de clarté. Une musique invisible et souterraine imitait par des symphonies étranges le grésillement des tisons et le bouillonnement de la chaudière.

A un signal de Giovanni Francesco, qui remplissait les fonctions de *provéditeur*, un arbre poussa tout à coup du fond de l'eau, portant sur chacune de ses branches les différents plats en guise de fruits.

A chaque service, l'arbre plongeait et reparaissait tout à coup chargé de nouveaux mets et de nouvelles fleurs.

Le maître de la maison avait apporté, ce soir-là, pour sa part, un grand pâté en forme de chaudière, où Ulysse plongeait son père pour le rajeunir dans cette classique fontaine de Jouvence.

Quant au personnage chargé de jouer aux yeux, nous devrions dire à la bouche des convives, le rôle du sage Ulysse, c'était tout bonnement un chapon.

Spillo présenta à la compagnie un chaudronnier avec tous ses instruments pour étamer au besoin la chaudière.

Cet honnête ouvrier était une oie farcie d'olives.

Domenico Palizo habilla en servante une petite truie avec sa quenouille et son fuseau aux côtés.

Robetta apporta une tête de veau sous la forme d'une enclume.

Enfin (pour ne pas trop abuser de la patience du lecteur) André del Sarto voulut se distinguer comme artiste et comme gastronome.

Son plat représentait un temple octogone, taillé

exactement sur le patron de l'église San-Giovanni,
mais élevé sur des colonnes. La mosaïque du pavé était
en gélatine, et les magnifiques saucissons de Bologne
imitaient à s'y méprendre le porphyre des colonnes,
dont les chapitaux et les bases étaient en fromage de
Parmesan. Des pâtes sucrées formaient la corniche, et
la tribune se composait de massepains.

Sur un lutrin de veau froid se prélassait un missel
en lasagnes poivrées de lettres et de notes, devant lequel des pigeons et des becfigues, dans leur surplis de
graisse, chantaient la basse et le soprano.

Un éclat de rire olympien et un tonnerre d'applaudissements accueillit ce chef-d'œuvre de cuisine et
d'architecture. Ce fut le seul ouvrage d'André, depuis
sa folle passion, où il n'eût pas cherché à introduire le
portrait de sa Lucrezia, et pour cause.

Au dessert, on chanta des odes et on lut des stances.
André del Sarto, qui, comme tous les artistes de son
temps, se piquait de poésie, chanta un petit poëme hé-
roï-comique, imité d'Homère, sur la bataille des rats
et des grenouilles.

Ceux qui seraient curieux de juger par eux-mêmes
du talent poétique de notre artiste trouveront ses vers
dans les notices sur la vie d'André del Sarto publiées
par Luigi Biadi.

Voici maintenant l'origine de la *Société de la*

Truelle, qui a plusieurs rapports avec celle *du Chau-dron*.

Un bossu, nommé Jeo d'Agnolo, spirituel et farceur comme tous les bossus, soupait dans son jardin de Campanie avec ser Bastiano Saginalti, ser Raphaelo del Beccajo, ser Cocchino, Girolamo del Giocondo et Baja, tous plus ou moins mauvais plaisans et mauvais sujets comme lui.

Au moment où l'on servait la *ricotta*, espèce de fromage italien qui tient le milieu entre le fromage à la crème et le neuchâtel, Baja avisa dans un coin un morceau de mortier, et, tandis que le bossu, les yeux fermés, la bouche toute grande ouverte, attendait avec une volupté de gourmand une cuillerée de *ricotta*, on lui ferma la bouche avec une grande truellée de plâtre et de chaux.

Là-dessus, les rires et les trépignements de la société ne connurent plus de frein, on criait à tue-tête :

— *La truelle ! la truelle !*

Le bossu se tordait par terre comme un possédé, et, lorsque tous ces cerveaux fêlés furent un peu remis de leur gaieté, mais non de leur ivresse, ils fondèrent la Compagnie de la Cazzuola, et en rédigèrent gravement les statuts.

Cela se passait en 1512. En peu d'années, la Société prit un développement merveilleux et étonna Florence

par la richesse de ses costumes, le goût de ses fêtes et
l'éclat de ses spectacles. Les gentilshommes les plus
puissants, les artistes les plus en renom se montrèrent
jaloux de l'honneur d'en faire partie. Les règlements
de la Société n'admettaient que vingt-quatre membres.

La Compagnie était placée directement sous le patronage de saint Jean-Baptiste ; ce qui n'empêchait pas la
mythologie de jouer le premier rôle dans les fêtes qu'on
y donnait, et les comédies de l'Arioste, de Machiavel,
de Bibiéna (les plus obscènes compositions du siècle)
d'obtenir un éclatant succès.

Il est vrai qu'on les jouait aussi au Vatican, devant
les papes et les cardinaux, et que personne ne songeait
à s'en formaliser.

Nous ne suivrons pas Vasari dans le compte rendu
de ces gigantesques bombances. Ceux de nos lecteurs
qui y trouveraient plaisir n'auront qu'à consulter la
Vie de Francesco Rustici.

C'étaient des mascarades d'une extravagance à dé-
passer les rêves de l'imagination la plus effrénée, des
repas titaniques, des jeux, des surprises imités en partie des épreuves des francs-maçons.

Il n'y avait pas de festin sans pantomime, point de
réunion sans mystère. Tantôt c'était Cérès à la recherche de sa chère Proserpine, et tous ceux qui voulaient
suivre la *déesse du pain*, pour ne pas mourir d'inani-

tion, étaient obligés de passer dans la gueule d'un affreux dragon dont les dents, affilées et tranchantes comme une hache, menaçaient de se fermer sur le cou des convives.

Tantôt c'était un hôpital avec sa double rangée de de lits, ses gardiens, ses malades, et les compagnons de la truelle affublés des plus sales guenilles et vomissant de leur bouche avinée tous les blasphèmes, toutes les imprécations, toutes les injures qui embellissent l'argot des proxénètes et des voleurs, jusqu'à ce que saint André en personne vînt les délivrer de leur hideux séjour pour les mener dans une salle somptueusement éclairée.

C'était une chambre pavée d'ossements humains, aux murs suintant le sang, au plafond lambrissé de têtes fraîchement coupées. Au milieu de la chambre, on voyait, sur un lit de plumes, Mars et Vénus ayant pour tout vêtement le filet de Vulcain.

C'était enfin le diable servant à ses hôtes, dans un souper infernal, tout ce que la nature où l'imagination des hommes ont créé d'animaux et de monstres les plus dégoûtants et les plus difformes ; monstres et animaux s'évanouissaient en fumée au moindre signe de Pluton et laissaient à leur place les fruits les plus exquis et les mets les plus délicats.

Dans cette atmosphère de corruption et de débauche,

le peu de caractère qu'avait encore André del Sarto s'usa complétement.

Un nouveau malheur vint fondre sur lui et acheva sa perte.

Le mari de la Lucrezia mourut presque subitement, précipité peut-être au tombeau par l'inconduite de sa femme.

André, sans consulter aucun de ses amis, épousa publiquement son indigne maîtresse, et reçut chez lui son père et ses sœurs. La ville entière s'émut à ce scandale ; tous ses amis et ses élèves, à l'exception de Francia, dont l'affection était inaltérable, l'abandonnèrent à son sort. Ses pauvres vieux parents en moururent de misère et de douleur.

Accablé par le mépris général, triste, isolé de tous, dominé par cette femme indigne, le pauvre André travaillait beaucoup plus que ses forces ne le lui permettaient. Il s'épuisait nuit et jour pour jeter dans cet éternel abîme de l'or à pleines mains, sans jamais pouvoir le combler. Pour surcroît de honte, le portrait prosaïque et vulgaire de cette femme venait s'imposer comme stigmate indélébile dans toutes ses fresques et dans tous ses tableaux.

La célèbre tête du *Christ,* la *Madonna di San-Francesco,* les trois *Sainte Famille* qu'on peut admirer dans la collection du roi de Bavière, et que les connaisseurs préfèrent de beaucoup à celles du Belvédère de Vienne, du palais Schiarra, du palais Borghèse et du palais Colonna, datent de la même époque, c'est-à-dire de l'année 1515. Le seul défaut qu'on pourrait reprocher à ces peintures, c'est le manque de grandeur et l'impuissance de plus en plus marquée de s'élever à l'idéalisme de l'art.

Vers le même temps, il acheva son *Adoration des mages* dans le cloître des Servites et reprit les peintures de la confrérie dello Scalzo.

Il fut chargé de la décoration de je ne sais plus quel char de triomphe, qui devait paraître dans la procession de saint Jean, et jeta plusieurs histoires en grisaille sur une façade en bois élevée par Sansovino devant l'église Santa-Maria-del-Fiore, à l'occasion des fêtes qu'on célébra à Florence pour recevoir Léon X.

Il multiplia les tableaux, les portraits, les miniatures, et descendit jusqu'à colorier les meubles de François Borgherini... Mais, malgré ce travail opiniâtre et multiplié, la misère et le désespoir décrivaient autour de lui des cercles de plus en plus serrés, et l'enlaçaient dans des nœuds inextricables.

Le dernier ouvrage qu'il fit avant de s'expatrier fût un portrait de Baccio Bandinelli. Ce portrait n'était, à vrai dire, qu'un prétexte. Baccio, connaissant la pauvreté d'André, l'avait fait venir chez lui pour lui acheter le secret de ses procédés dans la peinture à l'huile. Mais, malgré les traces profondes que l'avilissement et le chagrin avaient laissées sur le front abattu de l'artiste, il y avait encore chez lui tant de noblesse et de résignation, que l'impudent Bandinelli, n'osant lui marchander son secret, préféra le lui voler.

Au premier coup de pinceau, André devina son projet; il sourit amèrement, et se mit à confondre et mêler les couleurs avec une telle précipitation, que le portrait fut fini avant que Baccio eût pu rien comprendre au procédé de l'artiste.

Quelques tableaux envoyés en France avaient appris à François Ier le nom d'André del Sarto. En 1518, au moment de sa plus grande détresse, André fut appelé à la cour de France. Il débuta par le portrait du dauphin, et ce seul ouvrage lui fut payé trois cents écus, c'est-à-dire six fois autant que ses cinq premières fresques du cloître des Servites.

La protection du roi, l'intérêt que lui témoignèrent, dès son arrivée, Louis d'Angoulème et le connétable de Montmorency, l'admiration unanime excitée par ses tableaux relevèrent son courage abattu et rafraîchirent cette pauvre imagination, épuisée et malade, d'une rosée bienfaisante.

De tous les tableaux exécutés par notre peintre à cette époque, on n'en voit que trois au musée du Louvre :

la Charité, et deux *Sainte Famille*, qui diffèrent entre elles par la composition et la disposition des personnages.

Le nom d'André del Sarto était déjà illustre en France, cette patrie adoptive de tous les grands artistes ; sa fortune s'élevait sur des bases larges et solides, il était en train d'achever un *Saint Jérôme* pour la reine mère, et il avait envoyé déjà à Florence assez d'argent à sa femme pour bâtir une maison derrière l'Annonciade, lorsque Lucrezia del Fede, son mauvais génie, dont l'image l'avait poursuivi sans cesse, lui écrivit une lettre fatale, dans laquelle elle lui donnait à entendre que, s'il ne revenait pas à la hâte, ne pouvant supporter son absence, elle se jetait dans l'Arno.

Ce fut un coup de foudre pour André. Il se présenta au roi et lui demanda en balbutiant la permission de faire une course à Florence.

François Ier, non-seulement accorda le congé demandé, mais encore il confia à l'artiste une forte somme pour acheter des tableaux et des statues, pour engager de jeunes peintres à son service, pour encourager des artistes malheureux, pour remplir enfin la plus belle mission que jamais monarque ait donnée à un artiste.

Hélas ! nous n'ajouterons plus qu'un mot qui brûle notre plume : André garda l'argent et ne revint plus en France !

Après cet ignoble abus de confiance, la vie d'André ne fut plus qu'une longue suite de honte et de remords.

Nous glisserons rapidement sur ses dernières années, quoiqu'elles ne soient pas moins importantes pour l'histoire de l'art ; mais le cœur nous manque pour assister au douloureux spectacle d'une nature avilie à ce point.

De retour à Florence, il se cacha dans le couvent de l'Annonciation ; et, en échange de l'asile qui lui était offert, il peignit dans le jardin *la Parabole du Maître de la vigne*, un *Christ* qu'on dirait dessiné par Michel-Ange, et une *Déposition de croix* dont les différents personnages respirent une mélancolie touchante.

Dans les sept années suivantes, il termina ses peintures de la confrérie dello Scalzo, exécuta beaucoup de fresques, parmi lesquelles il faut citer la *Madone* de la porte Pinti, respectée par la soldatesque pendant le siége de 1529, et fut chargé de la décoration du palais Poggio à Cajano, en compagnie de Francia Bogio et de Pontormo.

En 1525, André copia un tableau de Raphaël, le portrait de Léon X, avec une fidélité tellement surprenante, que Jules Romain lui-même, qui avait travaillé à l'original, ne voulut pas croire que ce fût une copie.

Cette copie, si célèbre par le récit de Vasari, à en croire les trois quarts des biographes, se trouverait à

Naples. Tout récemment encore, il s'est engagé à ce sujet, entre les savants napolitains et florentins, une polémique si vive et si terrible, pour savoir lequel des deux tableaux était de Raphaël, lequel d'André del Sarto, que nous n'oserions pas intervenir dans ce nouveau jugement de Salomon.

Le chef-d'œuvre si célèbre sous le nom de *la Madonna del Sacco,* achevé vers la même époque, est le digne pendant de son tableau à l'huile *la Madonna de San-Francesco ;* ce sont les deux merveilles du genre.

Il fit aussi, pour le même couvent de San-Salvi, dont nons avons parlé plus haut, une *Cène* digne, en tous points, de l'effet irrésistible qu'elle produisit sur les Florentins en 1529.

On avait abattu tous les édifices environnants avec une partie de l'église et du cloître pour empêcher que l'armée assiégeante ne s'en fît un rempart, lorsque les démolisseurs, arrivés tout à coup devant le chef-d'œuvre, s'arrêtèrent tous muets et immobiles d'admiration, *comme si une puissance invisible avait paralysé leurs bras et leur langue.* Ce sont les expressions de l'historien Varecchi.

Mais la guerre et la peste, ces deux terribles fléaux de Dieu, s'étaient déchaînés sur Florence. André partagea les malheurs de sa patrie. Un de ses derniers ouvrages fut le magnifique *Sacrifice d'Abraham,* par le quel le pauvre artiste espérait se réconcilier avec François Ier et obtenir sa réhabilitation aux yeux du monde.

En 1529, Octavien de Médicis lui demanda une *Sainte Famille*. André exprima dans ce tableau tout ce qui restait dans son âme de tendres sentiments et de grâce poétique.

Quelque temps après, le grand conseil, ayant condamné trois déserteurs à être pendus en effigie, trouva tout naturel de transformer André del Sarto en bourreau. André accepta en silence cette dernière expiation.

Enfin, l'an 1530, frappé de l'épidémie qui désola Florence, au moment où la liberté de sa patrie rendait le dernier soupir, André del Sarto, lâchement abandonné par sa femme, isolé de tous (Francia Bigio, son fidèle ami, et Puligo, son élève bien-aimé, étaient déjà morts), pauvre, déshonoré et maudit, il expira à l'âge de quarante-deux ans sur son lit de douleur.

La confrérie de Saint-Jean-Baptiste l'enterra modestement par charité.

Dominique Conti, un des élèves d'André, peintre très-médiocre, qui avait hérité des dessins et des cartons de son maître et qui se les fit voler assez sottement, lui éleva dans l'église des Servi un petit monument composé du portrait du peintre, scellé dans un pilier, et d'une épithaphe latine écrite par Pierre Vettori.

Mais des bourgeois susceptibles, fâchés qu'on eût osé

mettre un tableau dans leur église sans leur en demander la permission, firent jeter à bas l'inscription et le
portrait.

« Ceci nous prouve, — ajoute Vasari en terminant
la *Vie d'André del Sarto* par cette belle et consolante
moralité, — ceci nous prouve que la *destinée*, non
contente d'avoir influé sur notre vie, nous poursuit
souvent jusqu'au delà du tombeau. »

GUÉRARD BERCK-HEYDEN

Guérard Berck-Heyden, est né à Harlem, la patrie
de Wouwermans au cheval blanc, de Van Ostade et de
Berghem. Il avait un frère aîné que l'on nommait Job,
et qui, poussé lui-même par une vocation irrésistible,
entraîna après lui celle de son frère.

Job était relieur; mais, au lieu de s'occuper des
livres qu'on lui donnait à mettre à neuf, il en copiait
les gravures, et cela si exactement, que son patron
finit par donner aux parents du jeune homme le conseil
de le faire passer de son magasin dans un atelier. Arrivé bientôt à une certaine force, Job prit son jeune
frère près de lui.

On était alors à la moitié du XVIIe siècle, à peu près :
c'était l'époque des croyances superstitieuses ; les songes
étaient surtout regardés comme une prédiction de l'avenir. A dix ou douze années d'intervalle, Job en eut

deux qui eurent une grande influence sur sa vie et sur celle de son frère.

Job rêva d'abord que, pendant une nuit, il lui poussait des ailes comme aux anges, et qu'à l'aide de ces ailes, il abandonnait la terre, et s'en allait toucher du doigt à la coupole du ciel.

Comme Job n'avait pas sous sa main, ainsi que les pharaons d'Égypte un esclave hébreu, il chargea son amour-propre d'être l'interprète de la révélation divine ; et son amour-propre lui expliqua, clair comme le jour, qu'il était destiné à s'élever, sur les ailes de l'art, au-dessus de tous ses rivaux, et à aller toucher le but de perfection que nul, avant lui, n'avait eu le bonheur d'atteindre.

En conséquence, il se mit au travail avec une ardeur nouvelle, et le rêve eut cela de bon que, si Job ne dépassa pas ses confrères, au moins prit-il rang parmi les peintres distingués de son époque.

Pendant ce temps, Guérard grandissait de son côté à l'ombre de la réputation fraternelle : il travaillait presque toujours dans le même atelier que son aîné, et souvent au même tableau ; de sorte que, sans avoir rien rêvé, Guérard se trouva, un beau matin, aussi grand peintre que Job. Alors les deux frères se mirent en route de compagnie pour aller chercher aventures et fortune.

C'était Job qui produisait Guérard ; Job, confiant dans son rêve, ne doutait plus de rien, et la terre même lui semblait bien étroite pour renfermer sa gloire à venir.

Mais un rêve fit crouler tout ce bel échafaudage de grandeur qu'un rêve avait bâti ! A Cologne, Job songea qu'en traversant une forêt il restait suspendu aux branches d'un arbre. Cette fois, ce ne fut plus l'orgueil qui lui parla, ce fut l'humilité ; et l'humilité lui dit tout bas qu'il serait arrêté au milieu de sa carrière par quelque désastre qui l'empêcherait d'aller plus loin. Dès ce jour, une timidité étrange s'empara du pauvre Job ; et ce fut Guérard qui prit les rênes du gouvernement fraternel, tenues jusqu'alors par son aîné. Aussi faible qu'il avait été confiant, Job suivit à son tour son frère à la remorque ; et Guérard le conduisit ainsi à Coblence, à Mayence, à Mannheim et à Heidelberg. Là, quelques instances que Guérard fît à son frère, celui-ci refusa toujours de se produire à la cour de l'électeur palatin, qu'ils étaient cependant venus chercher ; ils restèrent donc confondus dans la foule, au lieu de se faire présenter comme c'avait été leur intention. Cependant, presque tous les jours, les deux frères se trouvaient sur le passage de l'Électeur ; le plus souvent, c'était lorsqu'il partait pour la chasse, car l'Électeur était, comme Nemrod, un grand chasseur devant Dieu, aimant passionnément les chevaux, les chiens et les faucons, trois choses fort pittoresques et qui font admirablement bien dans les tableaux. Aussi, à leur retour dans l'atelier, les deux frères esquissaient-ils, chacun de son côté, force sujets de chasse, comme *le Lancer*, *le Rembûcher* et *l'Hallali*.

Si bien qu'un jour Job et Guérard, après avoir fait une esquisse unique de toutes leurs esquisses séparées, se mirent de leur mieux à couvrir une toile, plaçant au premier plan l'Électeur et les seigneurs de sa suite, tous si ressemblants, qu'il n'y avait point à s'y tromper. Le tableau fini, il se trouva que c'était un des meilleurs qu'ils eussent jamais faits.

Alors Job, toujours réconforté par Guérard, reprit quelque courage ; il fut décidé, non pas qu'on offrirait le tableau à l'Électeur, — car Job était devenu trop craintif pour permettre à son frère une pareille hardiesse, — mais qu'on placerait le susdit tableau sur la route du prince, afin qu'il pût le voir en passant.

Le jour où ce plan fut exécuté, Job se sauva de la ville et se cacha dans un petit village, afin d'être plus à même de gagner les champs, si, selon les prévisions sinistres qui ne l'abandonnaient plus, les choses venaient à mal tourner.

Tout alla pour le mieux : le prince, en passant, se reconnut : les seigneurs qui l'accompagnaient se recon-

nurent aussi ; le prince s'arrêta : les seigneurs s'arrêtèrent ; le prince dit que le tableau était fort beau : les
seigneurs crièrent qu'il était admirable. On demanda
l'auteur, lequel, entendant le grand bruit qui se faisait
autour de son tableau, commençait à croire que Job
avait eu raison, et se consultait pour savoir s'il devait
attendre ou se sauver.

Heureusement, il n'eut pas le temps d'accomplir ce
dernier projet : on le saisit au collet et on l'amena devant l'Électeur, qui lui fit force compliments. Alors le
bon Guérard déclara que le tableau n'était pas de lui
seul, et que son frère Job en avait fait la meilleure partie. Guérard mentait ; car, depuis son dernier rêve, Job
ne peignait plus qu'en tâtonnant, et recommençait dix
fois la même chose.

Mais, qu'il le crût ou non, l'Électeur apprécia la
loyauté de l'artiste, et donna rendez-vous pour le
lendemain à lui et à son frère.

Le lendemain venu, Guérard traîna Job chez le
prince. Job était convaincu qu'il y avait dans ce rendez-
vous quelque traîtresse surprise dont il serait victime ;
mais il se rassura en entendant les éloges de l'Électeur
et les flatteries des courtisans.

Le même soir, le trésorier du prince alla porter au
logement des deux artistes une somme considérable et
deux médailles d'or.

Comme on le voit, les choses allaient tout au contraire de ce qu'avait craint le pessimiste Job.

Le lendemain, nouvelle faveur : les deux frères reçurent avis qu'ils avaient leur logement au palais. Job commençait à oublier ses idées sinistres et à croire à un avenir plus riant.

Le surlendemain, le grand veneur vint leur annoncer qu'ils étaient invités aux chasses de l'Électeur, et qu'ils pouvaient, chaque fois qu'aurait lieu une de ces fêtes, prendre, parmi les équipages, les chevaux qui leur conviendraient.

A cette nouvelle, Guérard, qui aimait fort tous ces plaisirs aristocratiques, ne se sentit pas de joie ; mais Job, au contraire, pâlit et manqua de s'évanouir. Son rêve lui était revenu à la mémoire, et cette invitation de chasse lui paraissait devoir amener tout naturellement le moment où il resterait pendu par les cheveux à la manière d'Absalon. Il en résulta que Guérard alla seul à la chasse, tandis que Job demeura tristement dans son atelier.

Le premier jour, l'Électeur ne fit point attention à l'absence de Job ; le second jour, il la remarqua ; le troisième jour, il s'en plaignit.

Mais, si obligeantes que fussent ces remarques et ces plaintes, elles ne purent déterminer Job à s'aventurer dans une forêt. Les seigneurs, jaloux de la faveur dont jouissaient les deux peintres étrangers, présentèrent le refus de Job sous un faux aspect; l'Électeur attribua à l'orgueil ce crime de lése-principat, qui n'avait pour cause, au contraire, qu'un excès de timidité ; et les deux artistes, voyant de jour en jour se rembrunir le visage de leur auguste patron, prirent les devants sur une disgrâce, et vinrent lui demander la permission de retourner en Hollande, en avouant que, malgré les bontés de Son Altesse, ils ne pouvaient rester plus longtemps à Heidelberg, atteints qu'ils étaint du mal du pays.

L'Électeur les laissa partir à grand'peine ; mais, en partant, les deux frères emportèrent encore des témoignages de sa munificence.

Revenus à Harlem, ils continuèrent de travailler ensemble, Guérard soutenant toujours Job contre ses craintes chimériques, qui ne l'abandonnaient plus un seul instant. Malheureusement, Guérard, quoique le cadet, mourut le premier ; il résulta de cet isolement que, n'ayant plus son frère pour le guider, le pauvre Job, un soir qu'il sortait du cabaret, tomba dans le canal des Brasseurs, où il se noya.

Cet événement arriva le 13 juin 1698, Job Berck-Heyden étant dans sa soixante et dixième année.

Les deux frères furent enterrés l'un près de l'autre, afin que, ne s'étant point quittés pendant leur vie, ils ne fussent pas non plus séparés après leur mort.

JULES ROMAIN

Raphaël venait de mourir lorsque le comte Baldassare, ambassadeur du marquis de Mantoue à Rome, demanda à Jules Romain, devenu par la mort de son maître un des premiers artistes de l'Italie, s'il voulait se rendre à la cour de Frédéric pour diriger les travaux de sa capitale et de son palais. Jules Romain accepta, après en avoir toutefois demandé la permission à Sa Sainteté, et quitta la ville sainte pour se rendre à Mantoue.

Le duc Frédéric n'avait pu mieux demander. Jules Romain était, en effet, ce qui se rapprochait le plus du grand peintre d'Urbin ; sa jeunesse s'était passée à suivre les leçons du divin maître, et plus tard à l'aider. Ainsi, lorsque Raphaël peignit, pour Léon X, les loges du Vatican, c'est Jules Romain qui exécuta plusieurs de ses dessins.

13.

La Création d'Adam et d'Ève est de lui; *l'Arche de Noé, le Sacrifice d'Abraham* et *Moïse sauvé des eaux par la fille du pharaon* lui sont dus aussi. Le soubassement de la salle de Torre-Borgia, et, dans cette même salle, *la Comtesse Mathilde, le Roi Pépin, Charlemagne, Godefroi de Bouillon,* et les portraits des autres bienfaiteurs de l'église sont l'œuvre commune des deux peintres, et toutes les peintures que reconnaissait Raphaël n'en sont pas moins de Jules Romain, qui, tout en conservant l'honneur de l'exécution, n'a rien enlevé de la gloire de son maître, qui avait eu l'idée.

C'est qu'après avoir donné le dessin de ses travaux, dessin où le grand peintre avait versé toute sa poésie et toute sa vigueur, l'élève n'avait plus qu'à suivre la route tracée, et qui servait à l'exécution de l'œuvre comme l'ouvrier sert à l'architecte. Tout ce charme de couleur et de ton que Jules donnait à ce qu'il faisait, il le devait à Raphaël, et, une fois l'œuvre terminée, le pinceau du maître n'avait besoin que de repasser une fois sur celui de l'élève pour compléter l'idée; Raphaël restait donc le véritable créateur, tout en abandonnant à Jules une part énorme de gloire qui commença sa grande réputation. C'est que la peinture est bien plutôt dans l'idée que dans l'exécution, bien plutôt dans les choses qu'on rêve que dans les choses qu'on voit, et la forme plus ou moins belle est à la pensée ce que le corps humain est à l'âme, l'enveloppe d'une chose sainte et divine.

A cette époque, l'art n'était pas restreint dans les limites où on se plait à l'enfermer de nos jours ; on pouvait, quand on s'appelait Raphaël ou Michel-Ange, Titien ou Bartolomeo, avoir à côté de soi, sans rien perdre de son originalité personnelle, un autre peintre qui comprît vos pensées et les exécutât.

Les premières œuvres de Jules Romain, toutes belles qu'on les reconnaisse, ne sont que la reproduction d'une pensée supérieure, que l'introduction de la palette et du pinceau entre l'idée et la toile, qu'un des ressorts que fait mouvoir l'intelligence du peintre, et, puisque c'était Raphaël qui avait donné à son élève le talent qu'il possédait, il ne faisait que reprendre son bien en faisant agir ce talent.

Donc, Jules Romain, malgré sa fécondité incontestable, n'est pas et ne peut pas être une originalité à côté du divin Sanzio ; et son plus grand défaut, c'est d'avoir eu pour maitre un homme comme Raphaël.

Après les tableaux que nous venons de nommer, Jules Romain termina la plupart des fresques de la galerie d'Agostino Ghiji et travailla à la *Sainte Famille* de Raphaël ; ce tableau fut donné au roi de France, avec une *Sainte Marguerite* et un portrait de la vice-reine de Naples, dont Raphaël a peint seulement la tête et dont le reste a été fait par Jules Romain, qui exécuta aussi presque entièrement la *Sainte Marguerite* sur les dessins de son maitre.

Aussi, quand le duc Frédéric avait demandé Jules Romain, celui-ci était déjà très-connu et pouvait se dire le véritable héritier de Raphaël.

Après la mort de son maître, il avait fait construire, pour le pape Clément VII, sur le penchant de Monte-Morio, le palais connu sous le nom de Vigna de Médici.

Voici quelles étaient les dispositions de ce palais :

Il avait une façade demi-circulaire comme un amphithéâtre et divisée par des niches et des fenêtres posées dans l'ordre ionique, avec un goût admirable. — On a pensé encore que Raphaël en avait donné les dessins, tant l'exécution était parfaite ; ainsi, du jour où l'élève faisait quelque chose d'original et de vraiment beau, on l'attribuait tout de suite au maître. — Dans l'intérieur du palais, Jules Romain exécuta un grand nombre de peintures, surtout dans la galerie où se trouvait au milieu d'autres statues antiques le *Jupiter* qui fut envoyé plus tard à François Ier par la famille Farnèse. Aux peintures de Jules dans cette galerie, Jean d'Udine joignit des grotesques ; mais la plus belle chose est une fresque de l'élève de Raphaël représentant *Polyphème entouré d'enfants et de petits satyres.*

Jules Romain, aidé de Fattore, se mit ensuite à con-

tinuer les œuvres inachevées du maître ; ils allaient
même peindre, d'après les cartons destinés à la grande
salle du Vatican, les quatre sujets tirés de l'histoire
de l'empereur Constantin ; mais l'ouvrage ne fut pas
terminé. C'est qu'au pape Léon X , qui était mort
empoisonné, le jour de la prise de Milan, venait de
succéder Adrien VI, et que ce nouveau pape n'aimait
pas les arts comme son prédécesseur ; il en avait donné
une preuve quand, entrant dans le Vatican, il mutila
avec un marteau les statues antiques qui l'ornaient en
disant :

— *Sunt idola paganorum!*

C'était la foi devenue pape qu'Adrien VII, mais la
foi simple et sans éclat ; c'était la papauté nue et reli-
gieuse de saint Pierre et non plus le règne magnifique
et étincelant de Léon X, et le contraste était trop fort,
le changement était trop brusque pour qu'on le suppor-
tât sans murmurer.

Courtisans et artistes étaient confondus dans un
même oubli par le nouveau pontife, et les grands peintres de l'époque, à la tête desquels était Jules Romain,
mouraient littéralement de faim. Mais, après un an de
pontificat, Adrien alla rendre compte à Dieu de sa mission, et toutes choses rentrèrent dans leur premier état.
Il fit lui-même son épitaphe, qui était : *Adrianus VI
hic situs est qui nihil sibi infelicius in vitâ quam quod*

seul, et peignit *la Vierge à la Chatte* et *le Christ frappé à la colonne*. Ce dernier tableau fut donné à l'église de Santa-Francoia, à Rome.

Messer Matteo Gio-Giberti, qui fut, depuis, évêque de Vérone, lui demanda les dessins d'un escalier et de quelques appartements que l'on construisait en brique près de la porte du Vatican, et qui donnaient sur la place Saint-Pierre; puis il peignit, pour ce même Giberti, le *Martyre de saint Étienne*. Ici, l'expression est vraiment céleste; c'est bien, dans le mourant, cette foi puissante qui fait sa mort sur la terre et qui va faire sa vie dans le ciel; et les yeux du saint martyr, au moment suprême, semblent voir distinctement le divin Sauveur pour lequel on le tue.

Dans l'église de Santa-Maria-de-Anima, à Rome, Jules Romain exécuta un très-beau tableau à l'huile où l'on voit la Vierge, sainte Anne, saint Joseph, saint Jacques, le petit saint Jean et saint Marc, l'évangéliste, agenouillés à côté d'un lion. Une femme, occupée à filer, regarde une poule et ses poussins; des enfants soutiennent un pavillon au-dessus de la Vierge; un édifice en amphithéâtre et orné de statues complète le tableau, auquel il faut encore reprocher cette tendance au noir, qui, comme nous l'avons dit, est le défaut capital du peintre.

Jules, comme Raphaël, avait des élèves qui l'aidaient :

le *Baptême de Constantin*. Saint Sylvestre, sous les traits de Clément VII, baptise Constantin ; divers personnages entourent le pape, et, parmi eux, on remarque le favori de Sa Sainteté, messer Nicolo Vespuccio, chevalier de Rhodes, surnommé *le Cavallerino*. Jules peignit au-dessous de ce tableau, en clair-obscur, Constantin bâtissant Saint-Pierre.

Enfin, dans le quatrième et dernier tableau, Jules figura la donation que Constantin fit de Rome au pape. Ce sujet, placé au-dessus de la cheminée, montre en perspective Saint-Pierre, où l'on voit les cardinaux, les prélats, les chantres et les musiciens. Constantin offre au pape saint Sylvestre, représenté par Clément VII, la ville de Rome, comme la montrent les médailles antiques. Des femmes d'une grande beauté regardent cette cérémonie dans l'attitude de la prière. Un vieillard demande l'aumône près d'un enfant qui joue avec un chien, et les gardes refoulent le peuple. Jules Romain s'est peint lui-même dans ce tableau, où figurent également le comte Baldassare et d'autres grands seigneurs contemporains.

Quand le travail fut terminé, le pape voulut faire oublier à l'artiste l'indifférence de son prédécesseur, et Jules Romain reçut une récompense digne de l'œuvre.

Il fit encore, avec le Fattore, une *Assomption de la Vierge*, envoyée à Pérouse ; puis il se mit à travailler

Bartolomeo de Castiglione, Tommaso Paparello de Cortone, Benedetto Pagni de Pescia ; des deux premiers, on ne connaît rien ; mais ceux qu'il employait le plus souvent étaient Giovanni dal Leone et Raffaello dal Colle, de Borgo-San-Sepolcro. Ces deux élèves exécuèrent, près de l'ancienne Monnaie in Banchi, les armoieries du pape Clément VII, et le second, seul, fit, d'après un carton de Jules, dans un demi-cercle de la porte du palais du cardinal della Valle, une Vierge couvrant l'Enfant Jésus d'une draperie ; d'un côté est saint André, et de l'autre saint Nicolas. Cette peinture est fort belle.

Ainsi, à son tour, Jules Romain donnait ses dessins à ses élèves, les chargeant d'exécuter ce qu'il n'aurait pas eu le temps de faire, car il travaillait très-lentement ; toute sa verve, toute son imagination, toute sa vigueur passaient dans les dessins, qu'il faisait très-vite, et le charme se perdait un peu quand il mettait des mois ou des années à reproduire ces dessins qu'il avait faits en quelques heures. Cela est, du reste, facile à comprendre. L'exécution, aussi prompte que la pensée, doit toujours être plus belle, car alors, toute la poésie et toute l'imagination du rêve passent immédiatement dans la forme ; la pensée qu'on veut reproduire est une ombre à laquelle il faut donner un corps, et plus on attend, plus elle fuit sous la main qui veut la reproduire.

Nous avons oublié de dire que, dans la salle de Constantin, Raphaël avait placé au-dessus de toutes les portes des niches ornées d'enfants qui tiennent des lis, des diamants, des plumes et autres emblèmes de la maison de Médicis, et que, dans l'intérieur de ces niches, Jules Romain peignit à fresque plusieurs pontifes, accompagnés chacun de deux Vertus; parmi les papes, on distinguait Damase Ier, Alexandre Ier, saint Léon III, saint Grégoire et saint Sylvestre.

Le dessin de Jules Romain représentant ce dernier prouve ce que nous disions tout à l'heure : il y a bien plus de révélation dans la première forme que dans la seconde, et la peinture, toute belle qu'elle est, ne vaut pas le dessin.

Sur le mont Janicule, d'où l'on aperçoit toute la ville de Rome et où fut la maison de Martial, Jules Romain fit bâtir, pour son ami Baldassare Turini de Pescia, un palais dont il orna les appartements de stucs et de peintures, reproduisant, entre autres, plusieurs traits de la vie de Numa Pompilius, dont le tombeau avait été là jadis; puis, dans la salle des bains, il exécuta, avec ses élèves, les fables de Vénus, de Cupidon, d'Apollon et d'Hyacinthe.

C'est à cette époque que le comte Baldassare lui proposa de venir à la cour de Mantoue. Jules Romain alla, comme nous l'avons dit, demander à Sa Sainteté la permission de quitter Rome ; il n'était sans doute pas fâché de s'éloigner de l'austère pontife, qui, tôt ou tard, aurait pu apprendre que les seize gravures obscènes de Marc-Antoine, accompagnées des sonnets de l'Arétin, avaient été faites sur les dessins de Jules. Clément VII ne le sut qu'après le départ du peintre, et le poëte n'eut que le temps de fuir pour échapper à la colère du pape.

Jules fut parfaitement reçu à Mantoue ; le comte le présenta à Frédéric, qui lui donna une maison magnifiquement meublée comme à un hôte royal, qui lui envoya des présents comme à une puissance, et lui donna son plus beau cheval comme à son meilleur ami. Puis ils s'en allèrent, le prince et le peintre, à un trait d'arbalète de la porte San-Bartiano, au milieu d'une prairie où Son Excellence avait des écuries pour ses haras, et Frédéric demanda à Jules de lui faire bâtir là une maison de campagne comme il la bâtirait pour lui-même, et le peintre se mit à l'œuvre.

Il disposa d'abord une grande salle avec une suite d'appartements des deux côtés, et, comme il n'avait à proximité ni carrières ni pierres dures, il se servit de briques revêtues de stuc pour former les colonnes, les chapitaux, les corniches, les portes, les fenêtres et tous les autres ornements de l'édifice.

Le corps principal du palais que fit construire Jules

Romain, présente un carré parfait. La cour, coupée en croix par quatre entrées, forme également un grand quadrangle ; par une de ces entrées, on allait dans un vestibule qui conduisait à une galerie donnant sur le jardin ; deux autres galeries, décorées de peintures et de stucs, menaient à différents appartements. Jules fit peindre par ses élèves Benedetto Pagni et Rinaldo de Mantoue, les chiens et les chevaux favoris du duc qu'il avait dessinés lui-même ; ces deux élèves peignirent aussi, à l'huile, *le Mariage de Psyché et de Cupidon* et *la Vengeance de Vénus ;* sur les murailles se trouve le reste de l'histoire de Psyché, peinte à fresque ; une foule d'Amours environnent Psyché, qui est au bain, et ils versent sur elle des essences et des parfums ; Mercure, de l'autre côté, prépare le banquet nuptial. Des satyres soutiennent Silène sur son âne, et deux enfants tettent les mamelles d'une chèvre ; deux tigres sont couchés aux pieds de Bacchus, appuyé sur un buffet aux côtés duquel se tiennent un chameau et un éléphant ; ce buffet est cintré et recouvert d'un berceau de verdure, de pampre, de raisins, et garni de trois rangs de vases d'un goût bizarre, de bassins, de bocaux, de tasses et de coupes de diverses formes, que l'on croirait d'or et d'argent, tant l'imitation est parfaite. Près de là, Psyché, entourée de femmes qui la servent et la conduisent, voit au loin apparaître Phœbus sur son char attelé de quatre chevaux; et Zéphire, couché sur des nuages, rafraîchit l'air en soufflant dans une corne.

A part le Bacchus, le Silène et les deux enfants avec la chèvre, ce sont les élèves de Jules Romain qui ont exécuté cette composition, que, du reste, le maître a presque entièrement retouchée.

De la pièce de Psyché, on passait dans une salle ornée d'une frise à deux rangs, que Primaticcio fit sur les dessins de Bologne et qui commencèrent la réputation du peintre de Fontainebleau; c'est une imitation de bas-reliefs de la colonne Trajane.

Dans le vestibule était l'histoire d'*Icare* et *les Douze Mois de l'année* ; puis, voulant sans doute montrer que lui aussi pouvait avoir la puissance et la vigueur, il construisit une salle où l'architecture et la peinture mêlées produisaient un effet merveilleux. Il représenta *les Titans foudroyés par Jupiter* ; rien n'y manquait, voûtes, colonnades, rochers immenses; c'était enfin une œuvre d'une conception gigantesque et une idée complétement neuve. Le haut de la voûte représentait le ciel, d'où le maître du monde lance sa foudre contre les Titans; Junon semble aider son divin époux; la déesse Opis, effrayée par les éclats du tonnerre, fuit avec ses lions; elle est suivie de Mars, de Vénus, de Momus, des Grâces et des Heures; Saturne, Diane et Janus s'enfuient dans les airs; Neptune s'affermit sur

son trident; Pallas et les Muses contemplent tranquillement le combat; Pan sauve de la foudre une nymphe
qu'il tient entre ses bras; Apollon, sur son char, est
assisté par quelques Heures; Bacchus et Silène sont
entourés de satyres tremblants; Vulcain, armé de son
marteau, regarde Hercule, qui parle à Mercure; les
géants ont entassé les rochers, et en portent d'autres
sur leur dos; Briarée se débat sous des morceaux de
roc, et d'autres géants sont écrasés par des débris de
temples et de colonnes. Au milieu de cette immense
composition, Jules a placé une cheminée, et, dès qu'elle
s'allume, on voit de nouveaux géants dévorés par les
flammes et Pluton, suivi des Furies, se précipitant au
fond des enfers sur son char, tiré par des chevaux dé-
charnés. Ces rochers, ces montagnes, ces édifices, semblent près de s'écrouler et d'écraser quiconque oserait
pénétrer dans cette salle, pleine de terreur et de car-
nage! Le plancher fut pavé de petits cailloux ronds
pour que l'illusion fût complète, si bien que l'œuvre
n'a ni commencement ni fin, comme le ciel, et qu'une
fois entré dedans, on peut se croire au milieu d'une
immense campagne. Cette salle est d'un effet surprenant, mais c'est plutôt grand que ce n'est grandiose.

Ce fut Jules Romain qui présenta Benvenuto Cellini
au duc de Mantoue, lequel commanda au ciseleur un
reliquaire pour renfermer quelques gouttes du sang de

Jésus-Christ, rapportées par Longin. Le peintre et l'orfévre étaient amis intimes et ce fut sans doute Jules qui conseilla à Benvenuto de venir en France ; car, quoiqu'il eût refusé, lui, il comprenait les immenses avantages qu'un homme du talent de Benvenuto pouvait trouver à la cour de François Iᵉʳ.

Une fois ce palais achevé, Jules restaura le château du duc de Mantoue, construisit deux grands escaliers et décora plusieurs appartements de stucs précieux ; dans une salle d'histoire, il peignit *la Guerre de Troie*, et, dans une antichambre, douze tableaux à l'huile au-dessus des portraits des douze empereurs du Titien.

Aussi Jules Romain ne se reposait pas un seul instant ; c'était l'homme infatigable, et sa pensée veillait toujours. Après ce que nous venons d'indiquer, il fit un tableau à l'huile, à Sant'Andrea de Mantoue, pour la chapelle de la signora Isabella Buschetta ; ce tableau représentait *la Vierge et saint Joseph adorant l'Enfant Jésus*, placé entre saint Jean l'évangéliste et saint Longin. Rinaldo, d'après les dessins de son maître, exécuta, sur les murs de cette chapelle, *le Crucifiement du Christ entre les larrons*, et *les Fidèles honorant le sang de Notre-Seigneur* ; ensuite Jules peignit lui-même, pour le duc, une *Vierge* occupée à laver le Christ encore enfant, pendant que le petit saint Jean lui verse l'eau ; dans le fond, plusieurs femmes viennent visiter la mère de Dieu. Ce tableau fut donné par le duc à la signora Isabella Buschetta, dont le peintre plaça le portrait dans un petit tableau de *la Nativité de Notre-Seigneur*. Jules Romain fit encore un *Saint Jérôme* et un *Alexandre*, à San-Domenico ; il termina, pour messer Ludovico del Fermo, un *Christ mort* que Joseph et Nicodème mettent au tombeau ; à côté sont les trois Maries et saint Jean l'évangéliste ; pour messer Girolamo, son ami intime, il peignit à fresque, sur une cheminée, *Vulcain forgeant des flèches* pendant que Vénus trempe dans un vase celles qui sont achevées et les place dans le carquois de son fils.

Quand on écrit la vie de Jules Romain, c'est presque une nomenclature de tableaux que l'on fait ; son existence est si uniforme, son travail est si continu, qu'il n'y a aucune particularité ni pour lui ni pour ce qui l'environne ; il n'y a pas dans son histoire d'aventures comme dans celle de Benvenuto ; sa naissance, sa vie, sa mort sont simples ; il marche droit sur le chemin qu'il se trace et qu'il parcourt sans obstacle, ne quittant pas sa patrie, préférant le palais du duc de Mantoue à la cour du roi François Iᵉʳ, disparaissant tellement dans son travail, que la fortune n'a aucune prise sur lui et ne donne aucun événement exceptionnel à sa vie.

Il était encore à Mantoue quand, le 30 décembre 1526, Jean de Médicis y mourut des suites d'un coup de mousquet, et ce fut lui que l'Arétin choisit pour reproduire les traits de ce seigneur. Jules moula le masque sur nature et fit un portrait que garda longtemps le poëte.

Ce fut lui aussi qui, lorsque Charles-Quint passa à Mantoue, composa des décorations de théâtre, et fit élever des arcs de triomphe, pour recevoir l'empereur.

Un jour, les digues du Pô se rompirent et les quartiers bas de la ville furent inondés ; quatre brasses d'eau couvraient les rues ; ce fut encore Jules qui remédia à cet accident, et, lorsqu'on se plaignit au duc que, sans son autorisation, l'artiste rebâtissait des quartiers de la ville et en faisait abattre d'autres, le duc répondit que quiconque s'opposerait aux travaux de son architecte l'insulterait lui-même et qu'il saurait punir les mécontents.

Jules se construisit pour lui une maison vis-à-vis de San-Barnaba ; il en décora la façade de stucs coloriés ; il enrichit l'intérieur de peintures et de morceaux antiques que lui avait donnés le duc.

Ce qu'il fit de dessins pour Mantoue est incroyable ; rien ne s'élevait dans la ville que Jules n'en eût donné le plan ; il rebâtit l'église de San-Benedetto et l'orna de peintures.

Ce fut à lui que Matteo Gio-Giberti, évêque de Vérone, demanda des dessins pour faire peindre entièrement la tribune de sa cathédrale par le Moro, qui, dans la Lombardie, jouissait d'une grande réputation.

Maestro Niccolo et Gio-Battista Rosso étaient chargés d'exécuter pour le duc de Ferrare des tapisseries teintes d'or et de soie ; ce fut Jules qui fournit au duc des dessins pour ces tapisseries. Battista de Mantoue a gravé ces dessins, ainsi que plusieurs autres compositions du peintre, telles que : *un Médecin posant des ventouses à une femme*, une *Fuite en Égypte* où l'on voit quelques anges qui courbent des branches au-dessus de la tête de l'Enfant Jésus pour qu'il puisse y cueillir des fruits ; *Rémus et Romulus allaités par une louve au bord du Tibre, Pluton, Jupiter et Neptune tirant au sort la terre, le ciel et la mer ; Meline tenant la chèvre Alphée, qui nourrit Jupiter* et des *Prisonniers qu'on torture*.

On ne peut pas plus se reposer quand on écrit la vie de cet homme qu'il ne se reposait lui-même de son travail. Partout des dessins, des tableaux, des statues ; ici, c'est un architecte ; là, c'est un peintre ; enfin, c'est l'homme le plus fécond de son époque. Mais, au milieu de cette fécondité, il manque quelque chose ; on cherche, parmi toutes ces compositions fort belles, je ne sais quoi de grand ou de divin, comme chez Michel-Ange ou Raphaël, et devant aucune de ces peintures on ne rêve comme devant celles de ces deux maîtres.

C'est que Jules Romain avait assez de talent pour servir à Raphaël, mais qu'il n'avait pas assez de génie
pour le remplacer ; son maître avait bien pu lui donner tous les secrets de l'art, mais il y a une révélation
intérieure, une poésie intime qui ne se transmet pas
comme une succession, et Raphaël, qui était à la fois
un grand peintre et un grand poëte, n'avait pu faire
de Jules Romain qu'un grand peintre. Du reste, tout
ce que l'art peut avoir de ressources, il l'avait ; tout ce
qu'on peut faire avec un pinceau, il le faisait ; et, de
même que Raphaël, il devait laisser d'excellents élèves,
et pourtant il n'en avait amené qu'un seul avec lui à
Mantoue ; et, là, il avait trouvé une toute autre école que
la sienne, de vieux principes à oublier et de nouvelles
voies à s'ouvrir.

Jules Romain était l'homme à qui il fallait des élèves ;
les siens pouvaient réclamer une bonne part dans ses
œuvres ; tout ce que Jules fit seul respire l'ennui ; il
faut, pour qu'il travaille, un monde autour de lui,
comme il faut à Michel-Ange la solitude. Jules en est-il
plus grand et Michel-Ange plus petit ? L'un trouve tous
ses élèves assez habiles pour finir ses tableaux, l'autre ne
trouve pas d'ouvriers assez adroits pour faire ses outils.
Et disons-le encore, ce n'est pas au milieu d'un bruyant
atelier que vient l'inspiration des choses saintes ou
grandioses, comme ce n'est pas dans les vastes compo-

sitions que cette inspiration se révèle. Jules Romain était l'homme d'apparat, l'homme des fêtes, l'homme de l'impromptu ; il fallait qu'il sentît remuer autour de lui, comme il faut que d'autres rêvent, et, une fois sa fougue jetée dans un dessin, il n'avait pas la force d'en faire le tableau.

Il avait fait pour Mantoue ce que Léonard de Vinci avait fait pour Milan ; il avait trouvé les Gonzaga, qui, lorsqu'il vint, adoptèrent les arts avec amour, mais qui ne l'auraient jamais fait s'il ne fût pas venu ; c'était un élan à leur donner et il le leur donna, il faut le dire, puissant et vigoureux ; si bien que, lorsque Charles-Quint, en traversant Mantoue, croyait voir des maisons sales et noires, il trouva des palais magnifiques, et il dit :

— Cette ville ne valait pas jadis un marquisat, et elle vaut maintenant plus qu'un duché.

Et ce fut à Jules que le marquis Frédéric dut de s'appeler duc de Mantoue.

Outre la réforme architecturale, il avait accompli celle de la peinture ; il avait trouvé des peintres pieux et doux, gracieux et timides, et, au milieu de leurs compositions simples, il avait jeté son pinceau vigoureux et sa couleur accentuée ; et tout ce qu'il pouvait donner, il le leur donna, c'est-à-dire sa touche souvent brutale, qui jurait au milieu du délicieux coloris de Raphaël quand le maître se faisait remplacer par l'élève.

Il renversa donc l'école du Mantegna, et ceux qu'il avait trouvés faisant des miniatures et de petites toiles l'aidèrent dans sa *Guerre des géants*. Raphaël eut-il agi de même ? eût-il substitué les grandes toiles aux petites, et le goût des choses grandes à l'amour des choses douces ?

Jules paya donc largement sa dette à Mantoue pour l'hospitalité qu'elle lui avait donnée, et, quand le duc mourut, il crut pouvoir la quitter ; mais le cardinal Gonzaga le retint, car il avait autant besoin de lui que Frédéric.

Un peu plus tard, Michel-Ange découvrit son *Jugement dernier* et Giorgio Vasari envoya à Jules trois dessins des *Sept Péchés mortels* faits d'après le divin Buonarotti ; Jules s'en inspira pour peindre une chapelle dans le palais du cardinal : il représenta saint André et saint Pierre abandonnant leurs filets pour suivre le Christ, et la pêche des poissons pour faire la pêche des hommes.

Ce tableau est le plus beau de Jules, et l'inspiration lui en venait de Michel-Ange.

Peu de temps après, il se rendit à Bologne avec Tofano Lombardino, architecte milanais ; il allait faire de nouveaux dessins pour remplacer ceux de Baldassare Peruzzi qui devaient servir à orner la façade de l'église de San-Petronio, et qui avaient été perdus. Il réussit

14.

comme toujours, et revint à Mantoue richement récompensé.

Sur ces entrefaites, Antonio de San-Gallo mourut à Rome, et les commissaires de Saint-Pierre firent appeler Jules pour terminer l'édifice ; mais, outre que le cardinal s'opposait à son départ, l'artiste était malade, et bientôt devait se terminer sa carrière si bien remplie. Il mourut à Mantoue en 1546, âgé de cinquante-quatre ans.

Il laissait un fils qu'en souvenir de son maître il avait appelé Raphaël ; mais ce fils mourut quelques temps après lui.

'Jules Romain fut enterré dans l'église de San-Bastiana, vis-à-vis de la maison qu'il s'était bâtie, et l'on plaça sur sa tombe ces deux vers latins :

> Romanus moriens secum tres Julius artes
> Abstulit ; haud miserus quatuor imus erat.

Nous avons vu ce qu'était le peintre ; voilà ce qu'un contemporain dit de l'homme.

Jules Romain était d'une taille moyenne ; il avait une belle figure, la barbe et les cheveux noirs, les yeux de même couleur et pleins de gaieté et de vivacité ; sa mise annonçait l'élégance ; sobre, affable, prévenant, il vécut toujours d'une manière honorable.

JACQUES DE PONTORMO

Le Pontormo eut pour maîtres Léonard de Vinci, Pierre de Cosimo et Mariotto Albertini. Il travaillait dans l'atelier de celui-ci, et n'avait pas encore atteint sa vingtième année, lorsque Raphaël, alors à l'apogée de sa gloire (c'était en 1512), prédit que son jeune confrère serait un peintre de premier ordre.

Ce fut vers cette époque que le Pontormo peignit, au-dessus du portique extérieur de l'église de l'Annonciation, à Florence, les deux figures représentant *la Foi* et *la Charité*, lesquelles firent dire à Vasari, peu louangeur de cette sorte de peinture, que c'était la plus belle œuvre de ce genre qu'on eût vue jusqu'alors, et à Michel-Ange, que, si Dieu prêtait vie à ce jeune homme, il atteindrait aux sublimités de l'art.

En effet, rien de plus beau, de plus pur et de plus suave que la peinture de Jacques de Pontormo jusqu'au moment où, Michel-Ange ayant été chargé par le marquis del Vasto de dessiner *le Christ apparaissant à la Madeleine,* celui-ci eut l'idée de faire mettre en couleur par Jacques le dessin de Michel-Ange. Cette combinaison valut aux deux artistes de telles louanges, qu'elles perdirent naturellement le plus faible des deux : Pontormo voulut faire du Michel-Ange à lui tout seul, et, sans arriver à être Michel-Ange, il cessa d'être Pontormo.

Joseph présentant son père et ses frères à Pharaon, tableau sur bois, est une œuvre du meilleur temps de Pontormo, c'est-à-dire de 1523. Pontormo avait alors trente ans.

Salvi Borgherini, riche gentilhomme florentin, à l'occasion du mariage de son fils Pierre-François avec Marguerite Acciajuoli, avait fait faire par Baccio d'Agnolo un ameublement complet de chambre à coucher en bois sculpté, avec bahuts, fauteuils et lit de noces; et, pour que les peintures qui devaient orner cette chambre répondissent à l'excellence de la sculpture, Borgherini avait appelé concurremment à Florence, en leur demandant à chacun un épisode de la vie de Joseph, André del Sarto, Jacques de Pontormo, Granacci et Bachiacca.

Mais, quelque temps après l'achèvement de ces petits chefs-d'œuvre, vint le siége de Florence, et avec lui la ruine de la plus grande partie des choses d'art que renfermait la splendide cité républicaine. La ville prise, il s'éleva de son sein même des hommes qui disposèrent en vainqueurs des richesses de leurs concitoyens ; qui se précipitèrent dans les palais abandonnés et enlevèrent, comme un butin personnel, les meubles magnifiques, les riches tableaux, les statues précieuses.

Une troupe de ces pillards, conduite par Jean-Baptiste de la Palla, s'avança vers la maison de Salvi Borgherini ; mais, sur le seuil de cette maison, Marguerite Acciajuoli, pour laquelle avaient été faits les bijoux de la renaissance que nous avons signalés, les attendit de pied ferme, et les apostropha d'une harangue à la fois si hautaine, si patriotique et si méprisante, que, pareils à ces assassins qui reculèrent devant la majesté de Coligny, les misérables reculèrent devant la dignité de cette femme.

Pour cette fois, les merveilleux ouvrages d'André del Sarto, de Jacques de Pontormo, de Granacci et de Bachiacca furent sauvés.

Mais, depuis, malheureusement, une partie de ces précieuses compositions fut dispersée et perdue. On retrouva deux morceaux de la main de Bachiacca dans la maison de la signora Luisa Merli, de Sienne ; la galerie Pitti, de son côté, fit l'acquisition des peintures d'André del Sarto ; enfin, la galerie des Offices parvint à se procurer la tablette sur laquelle Jacques de Pontormo avait peint *Joseph conduit en prison, pour son prétendu outrage à la femme de Putiphar*.

JEAN-ANTOINE SOGLIANI

Sogliani fut vingt-quatre ans, je ne dirai pas l'écolier, mais l'imitateur de Laurent de Credi, puis passa à l'école de fra Bartolomeo ; c'est-à-dire qu'il étudia sous les deux peintres les plus curieux de l'époque, et que, comme son génie n'était pas assez indépendant pour marcher seul, à sa manière et de ses propres ailes, il nous a laissé des tableaux qui semblent des compositions, un peu faibles, tantôt de l'un, tantôt de l'autre de ces deux artistes.

Et cependant, il y a un charme tout particulier dans les tableaux de Sogliani ; ses madones sont de chastes femmes, ses *bambini* sont de divins enfants; puis il y a dans les plis de ses vêtements une élégance modeste et douce qui rappelle les deux peintres idéalistes que Sogliani avait pris pour modèles.

Quant au coloris, il est vif et doux à la fois, plein de

nuances charmantes qui parcourent, si l'on peut dire,
toute la gamme de la peinture, et qui font des œuvres
de l'artiste, sinon de grands tableaux d'église, du moins
de ravissants tableaux d'oratoire.

Outre ses tableaux, Sogliani a laissé un grand nombre de fresques à Florence et à Pise.

FRÈRE PHILIPPE LIPPI

Quoique contemporain de Beato Angelico, frère Philippe Lippi forme, avec son pieux confrère, un parfait contraste, et comme homme, et comme artiste. C'est que frère Philippe Lippi aimait le monde ; aussi fuyait-il son couvent au moment même où fra Angelico revenait mourir dans le sien.

La vie de Philippe Lippi est une vie de chercheur d'aventures, et non pas celle d'un moine pèlerin. La misère avait revêtu l'enfant d'un froc, l'amour fit prendre au jeune homme l'habit d'un beau cavalier. A partir de l'âge de dix-sept ans, frère Philippe courut le monde, peignant indifféremment les chapelles et les boudoirs, hantant les courtisanes et enlevant les religieuses. Aussi, tandis que le bienheureux Ange de Fiesole penchait si doucement sa tête en mourant, que ceux qui veillaient près de son lit faisaient silence, craignant de le réveiller, Philippe Lippi, empoisonné par quelque frère insulté ou quelque mari jaloux, se tordait sur son lit de mort en blasphémant ses profanes amours, et ne pensait à Dieu que pour se souvenir de l'avoir oublié.

Avec toutes ces passions, on peut être un grand peintre, mais on n'est point un peintre religieux ; aussi, aucune des productions du frère Philippe Lippi ne respire la douce candeur du Pérugin, ni la foi ardente de Beato Angelico.

Saint Augustin écrivant, tableau sur bois, est une des mieux réussies. Saint Augustin écrit — ses *Confessions* sans doute — ou plutôt il médite avant d'écrire ; sa main est suspendue et attend une de ces profondes pensées qui ont fait de l'évêque d'Hippone non-seulement un grand écrivain, mais encore un grand poëte, et peut-être la phrase qu'il cherche est-elle celle-ci : *Patiens, quia æternus*, Dieu est patient, parce qu'il est éternel.

C'est une seule figure, assise dans sa majestueuse simplicité, vêtue d'une robe et d'un manteau à plis larges et naturels, d'aspect un peu dur peut-être ; mais ce défaut était, comme on le sait, celui de l'époque, puisque le portrait fut exécuté vers le commencement du xvᵉ siècle.

A terre sont les fragments de manuscrits déchirés.

Cette précieuse peinture a appartenu d'abord à la famille Vecchietti, ensuite au peintre Ignace Hugfort; enfin, la galerie des Offices l'a achetée en 1779.

La Madone, l'Enfant Jésus et les Anges, autre tableau du frère Philippe Lippi, vient confirmer ce que nous avons dit à propos du précédent : c'est que l'aventureux carmélite était un peintre tout naturaliste, un homme d'exécution, et non un artiste de sentiment.

En effet, que l'on enlève l'auréole du divin *bambino*, que l'on détache les ailerons des anges, on aura une femme comme toutes les femmes, qui jouera avec deux enfants, et non une Vierge sainte en prières devant le Sauveur des hommes et devant les envoyés de Dieu ; car, une fois privés des attributs matériels de leur origine céleste, on chercherait en vain dans ceux-ci le cachet de la divinité.

Opposez à cela une composition du Pérugin, de Jean de Fiesole, d'Orgagna, de Giotto, ou même de Cimabuë, et vous aurez, au lieu de cet Enfant Jésus tendant les mains vers le sein qui doit le nourrir, un Christ au berceau qui tendra les bras vers les douleurs qu'il doit calmer ; vous aurez, au lieu de ces chérubins riant à la manière des enfants des hommes, et auxquels les traditions grecques ont déjà rogné les ailes à la taille de celles des Amours, vous aurez, dis-je, de beaux anges graves et religieux, aux longues ailes, moitié aigles, moitié colombes, et toujours prêtes à s'ouvrir sur un signe de Dieu pour franchir l'espace d'un pôle à l'autre, pour se précipiter sur la terre, ou pour s'élancer au ciel. Ceux-là, ce sont les vrais messagers du Seigneur, qui doivent, en partant de sa droite, arriver à temps pour arrêter le glaive d'Abraham levé sur la tête de son fils.

Il est vrai que ce que frère Philippe Lippi perd comme sentiment religieux, il le gagne comme exécution matérielle; le dessin de ses figures est admirable, le clair-obscur savant, et ses personnages sont groupés d'une façon à la fois gracieuse et pittoresque.

Les mains de la Vierge, ou, si vous voulez, de la femme, sont surtout irréprochables, et annoncent le précurseur de Raphaël.

CORNEILLE BEGA

Corneille Bega vécut à Harlem, et fut élève de van Ostade. Son père se nommait Pierre Begeyn ; mais, quelques folies de jeunesse l'ayant fait chasser de la maison paternelle, il prit le nom de Bega, pour que le scandale de ses folies ne retombât point sur sa famille. Ce fut donc sous le nom de Bega qu'il devint célèbre.

Sa vie fut courte et peu accidentée ; elle se partagea entre l'amour et l'art.

Lors de la peste de Harlem, Bega se trouvait près de sa maîtresse, attaquée de cette maladie ; tout le monde avait abandonné la pauvre femme, lui seul resta près d'elle, fut atteint du même mal qu'elle, et mourut le lendemain du jour où elle était morte, le 27 août 1664.

Les deux seuls tableaux de Bega que nous connaissions font partie de la galerie de Florence ; ils portent la date de 1664, et ont, par conséquent, été achevés l'année même de la mort du peintre.

Ces deux tableaux, peints sur bois, représentent un homme et une femme jouant du luth.

A cette époque, Bega, pour vouloir être plus grand qu'il n'avait été, perdait quelque peu de sa valeur. En essayant de donner à ses figures plus d'expression et plus de grâce, il avait tourné à l'afféterie, et, à force de chercher l'union des couleurs, le charme des détails, et ce qu'on appelle le fini, il était tombé dans la monotonie, dans le précieux, dans la sécheresse.

Cela n'empêche point que les tableaux de Bega n'aient une valeur que leur rareté rend plus grande encore.

FRANÇOIS MIÉRIS

La galerie de Florence est une des plus riches en tableaux de ce maître, car elle en possède neuf.

En effet, le grand-duc de Toscane se trouvait en Hollande à l'époque où la réputation de Miéris était à son apogée, c'est-à-dire vers 1672; cette réputation était telle, qu'on lui payait ses tableaux un ducat l'heure. Le grand-duc lui offrit trois mille florins de sa *Femme évanouie*, et ne put l'obtenir. Mais il ne se découragea point pour cela. A la place du tableau que Miéris refusait de vendre, il lui en commanda un dont l'ébauche l'avait frappé, et, ce tableau fini, il le paya mille rixdalers, et lui en commanda trois autres.

L'un de ces trois tableaux représente deux vieux Hollandais qui mangent : composition simple, comme toutes les compositions de Miéris, et dont le mérite est dans une couleur charmante, dans des détails exquis, et dans des expressions de physionomie parfaites. Ainsi, rien de plus vrai que le sentiment peint sur le visage de l'homme, qui, sans parler, et de son seul regard, demande à la femme qui boit s'il lui a bien assez coupé de pain comme cela.

Les tableaux de Miéris sont d'autant plus précieux, que le peintre mourut jeune, usé qu'il était par les débauches nocturnes qu'il faisait avec son confrère et ami Jean Steen.

Un soir que les joyeux compagnons se quittaient, ivres tous deux, Miéris tomba dans un égout que des maçons avaient laissé ouvert, et il y serait mort suffoqué, si un savetier et sa femme, qui demeuraient dans le voisinage, n'eussent entendu ses plaintes et ne fussent venus à son secours. On tira Miéris du cloaque, on le lava, on lui donna un coup de vin, et on le mit dans le seul lit de la maison, où il passa la nuit, tandis que ses hôtes dormaient sur une chaise.

Le lendemain, avant qu'ils fussent éveillés, Miéris, reposé par la bonne nuit qu'il avait passée, se leva, s'habilla et sortit; de façon que, quand les braves gens vinrent pour prendre des nouvelles de la santé de leur hôte, ils ne le trouvèrent plus.

Un mois se passa sans que Miéris donnât de ses nouvelles à ceux qui lui avaient cependant rendu un si grand service; mais, un soir, comme le savetier et sa femme allaient se coucher, ils virent entrer le même homme, lequel tenait à la main un petit tableau.

— Tenez, braves gens, leur dit l'étranger, prenez cette peinture en mémoire d'un individu à qui vous avez rendu un grand service que vous avez sans doute déjà oublié, mais dont lui se souviendra toujours, et, si jamais vous voulez vous défaire de ce tableau, portez-le à M. Paate, qui vous en donnera un bon prix.

Et, à ces mots, sans attendre leurs remercîments, il prit le chemin de la porte et disparut.

Le savetier montra le lendemain ce tableau au bourgmestre Jacques Maas, qui reconnut que c'était un Miéris, et qui, au grand étonnement du brave homme, l'invita à ne point donner le petit morceau de toile à moins de huit cents florins.

C'est effectivement la somme qui fut comptée au savetier, en échange du cadeau que lui avait fait son hôte.

Aujourd'hui, les tableaux de Miéris n'ont pas de prix.

ALEXANDRE BOTTICELLI

« Dans le temps où vivait le vieux Laurent de Médicis, temps qui fut le véritable âge d'or du génie, florissait Alexandre, nommé *Sandro*, suivant le diminutif florentin, et surnommé Botticello ou Botticelli, pour le motif que nous allons dire tout à l'heure. Il était fils de Mariano Felipepi, qui l'éleva avec soin et lui fit apprendre tout ce que l'on enseigne ordinairement aux enfants avant de les mettre en apprentissage.

» Sandro était doué d'une grande facilité ; mais son imagination inquiète ne lui permettait pas de se contenter des leçons de lecture, d'écriture et d'arithmétique que lui donnait son maître d'école. Fatigué de son exigence, son père le plaça, en désespoir de cause, chez un de ses amis, nommé Botticello, qui exerçait avec distinction l'état d'orfévre.

» Comme il existait, à cette époque, de fréquents rapports entre les orfévres et les peintres, Sandro commença par se livrer tout entier à l'étude du dessin, et finit par se prendre d'un bel amour pour la peinture. Son père, alors, pour ne point contrarier sa vocation, le confia, selon ses désirs, aux soins du frère Philippe Lippi del Carmine, l'un des plus célèbres peintres du temps.

» Sandro imita si parfaitement son maître, que celui-ci le prit en affection et le poussa de telle sorte, que le jeune artiste dépassa bientôt, et de beaucoup, les espérances qu'on avait conçues de lui. »

Voilà ce que dit Vasari d'Alexandre Botticello ou Botticelli.

Alexandre était donc un grand peintre; — ce que prouverait, dans tous les cas, même en l'absence du témoignage de Vasari, le tableau dont nous allons parler.

C'était, comme on l'a vu, sous Laurent de Médicis, et au moment de la renaissance grecque; or, quoique Botticelli, peintre idéaliste par excellence, dût adopter plus tard la réforme de Savonarole, un jour, il lut, dans un des *Dialogues* de Lucien, la description du tableau d'Apelles intitulé *la Calomnie*, et son imagination d'artiste ne lui laissa dès lors plus de trève qu'il n'eût essayé de le reproduire.

Voici la description de ce tableau :

« Sur la droite de la composition est assis un homme à longues oreilles, à peu près semblables à celles de Midas ; il tend la main à la Délation, qui s'avance de loin ; près de lui sont deux femmes, dont l'une paraît être l'Ignorance, et l'autre la Suspicion. La Délation a la forme d'une femme parfaitement belle ; son visage est enflammé ; elle paraît violemment agitée et transportée de colère ; d'une main, elle tient une torche ardente, et, de l'autre, elle traîne par les cheveux un jeune homme qui lève les mains au ciel ; un homme pâle et défiguré lui sert de conducteur ; son regard sombre et fixe, sa maigreur extrême, le font ressembler à ces malades exténués par une longue abstinence ; on le reconnaît aisément pour l'Envie. Deux autres femmes accompagnent aussi la Délation, l'encouragent, arrangent ses vêtements et prennent soin de sa parure : l'une est la Fourberie, l'autre la Perfidie ; elles sont suivies de loin par une femme dont la robe noire et déchirée, dont la douleur annoncent le repentir ; elle détourne la tête, verse des larmes, regarde en arrière, et voit avec confusion la tardive Vérité qui s'avance. »

Le beau tableau dans lequel Botticelli reproduisit cette allégorie fut fait pour messer Fabio Segni, gentilhomme florentin, ami intime du peintre ; il porte, en guise de légende, les quatre vers suivants :

Judicio quemquam, ne falso lœdere tentent
Terrarum reges parca tabella monet;
Huic similem Ægypti regi donavit Apelles;
Rex fuit et dignus, munere, munus eo.

Pour bien juger le talent de Botticelli, il faut mettre en face l'un de l'autre un de ses tableaux religieux et un de ses tableaux mythologiques, et alors on verra que la commande d'un seigneur riche, qui préférait les nudités du paganisme à la chasteté des compositions religieuses, pouvait bien changer le sujet, mais non l'exécution, et que, chez Botticelli, le génie idéaliste était le même, qu'il peignît la Madone en adoration devant son Fils, ou Vénus adorée par les Heures et caressée par les Zéphyrs.

En effet, Botticelli, quoiqu'il nous ait laissé une douzaine de tableaux païens, n'en est pas moins, par le sentiment, un des peintres les plus religieux du moyen âge.

La Madone, l'Enfant Jésus et six Anges est un des chefs-d'œuvre du maître; grâce des attitudes, charme des figures, ajustement des habits, expression en harmonie avec le sentiment, tout y est. L'auteur a réuni dans le divin *bambino* la double nature, matérielle de l'enfant et idéaliste du Dieu; il joue avec une grenade d'une main et il bénit de l'autre.

Au reste, le dessin est peut-être plus parfait dans

cette œuvre de Botticelli que dans aucune autre du même maître.

Judith, tableau sur bois, n'est pas tel, qu'il puisse ajouter à la renommée de son auteur; car il est certainement bien au-dessous de *la Calomnie*, par exemple, et de tant d'autres.

Judith vient de trancher la tête à Holopherne, et elle retourne vers Béthulie, tenant d'une main un rameau de laurier, de l'autre un sabre ensanglanté. Elle est suivie de sa servante, qui porte sur sa tête la tête d'Holopherne. Le dessin est souvent incorrect; le coloris est terne et manque d'effet.

En voyant le tableau qui fait pendant à cette composition, et qui représente *Holopherne décapité*, couché sur son lit et entouré de ses soldats effrayés, tableau charmant de coloris et d'expression, on serait tenté, au premier abord, de nier que le même peintre pût être l'auteur de deux œuvres d'apparence si différente; cependant, en examinant la *Judith* avec attention, on finit par retrouver les qualités distinctives de Botticelli; on ne peut surtout méconnaître l'originalité du peintre qui, pour représenter des sujets connus, savait trouver des formes nouvelles et frappantes, ainsi que l'on en voit un exemple magnifique dans le tableau d'*Holopherne*, que nous nous plaisons à citer encore. L'attention des artistes, en peignant la mort d'Holopherne, s'était toujours arrêtée au moment décisif où le général de Nabuchodonosor vient d'avoir la tête tranchée, et ils avaient toujours regardé cette scène comme la fin du drame. Botticelli s'est écarté, en cela, de la route suivie par ses prédécesseurs ; il a cru comprendre que ce même drame pouvait avoir un développement plus grand encore, s'il y appelait des officiers et des soldats assyriens ; son génie ne l'a pas trompé, et il nous a laissé un petit chef-d'œuvre d'invention et de sentiment.

De même, l'idée exprimée dans le tableau de *Judith* est neuve et saisissante : Judith marche en avant, pressée de se soustraire aux périls qui la menacent en traversant le camp ennemi, après le meurtre qu'elle vient de commettre, et les guerriers qu'on voit au loin dans la campagne attestent qu'elle a raison de craindre et de se hâter ; en se retournant vers sa servante, qui plie sous le poids de la tête énorme d'Holopherne, Judith a l'air de la gourmander sur sa lenteur. L'expression est on ne peut plus naturelle. Sous ce point de vue, le tableau de *Judith* ne manque pas de mérite et d'intérêt.

La Madone et l'Enfant Jésus au milieu des Anges, tableau sur bois, est une des œuvres les plus estimées de Botticelli. On y reconnaît cette habileté de composition, ce soin des détails, cette riche et capricieuse recherche de vêtements qu'Alexandre Botticelti avait puisés à l'école de Lippi, son maître, et peut-être aussi dans les ateliers d'orfévrerie où il fit ses premières études.

La galerie des Offices de Florence fit l'acquisition de ce tableau en 1784.

Alexandre Botticelli est, en outre, l'auteur de trois compartiments peints par lui à la chapelle Sixtine, et qui représentent, l'un, *Moïse défendant les filles de Jéthro;* l'autre, le *Châtiment de Coré, de Dathan et d'Abiron,* et le troisième, la *Tentation du Christ dans le désert.*

ANGE GADDI

Cet Ange Gaddi est le même dont Vasari déplore si
amentablement l'abjuration artistique. Petit-fils de
Gaddo Gaddi, qui avait légué à sa famille le secret de
la mosaïque; fils de Taddée Gaddi, qui voyait en lui
un de ses meilleurs élèves et de ses plus dignes successeurs, Ange Gaddi, à l'âge de trente-cinq ans, se dé-
goûte tout à coup de la peinture, où sa *Résurrection de
Lazare* lui a cependant conquis une des premières
places, ouvre une boutique à Venise, acquiert d'immenses richesses, et meurt à soixante-trois ans, après
avoir troqué le passé artistique de ses ancêtres contre
l'avenir commercial qu'il laisse à ses enfants.

On comprend qu'avec cette disposition d'esprit, Ange
Gaddi n'était pas fait pour arrêter la décadence dans
laquelle la peinture du xive siècle commençait à tomber. Déjà son père, Taddée Gaddi, plus coloriste que

Giotto, mais moins dessinateur et surtout moins penseur que lui, avait eu peine à la maintenir à la hauteur où l'avait élevée son maître et parrain bien-aimé, et Ange Gaddi, qui sans doute connaissait sa faiblesse, ne prit pas même la peine de lutter.

En effet, quoique l'on reconnaisse,. dans *l'Annonciation*, l'école de Giotto, ce tableau n'a pas l'allure magistrale des œuvres de ce grand peintre ; l'ange est gracieux, il est vrai, mais il manque quelque peu d'expression et de sentiment ; quant à la Vierge, elle est maniérée, ses bras sont visiblement trop courts, enfin les plis de sa robe sont maigres, et nulle part, sous cette robe, on ne sent les formes qu'elle recouvre.

Ange Gaddi laissa à ses enfants plus de cinquante mille florins d'or ; aussi le firent-ils enterrer en grande pompe dans le tombeau qu'il avait fait construire lui-même à Sainte-Marie-Nouvelle.

Quant à son portrait, si l'on en croit Vasari, on le retrouvait, peint par lui-même, dans la chapelle des Alberti, à l'église de Santa-Croce : il s'était représenté de profil, avec un peu de barbe et un chaperon rose, dans le tableau de *l'Empereur Héraclius portant sa croix*.

La Présentation au temple, sur bois, doit être du premier temps d'Ange Gaddi, alors que, tout imbu encore des traditions de ses ancêtres, il essayait de se soutenir à la hauteur paternelle. Il reproduisit, ainsi que l'indique le titre du tableau, la présentation de Jésus au temple; Siméon s'avance vers le prêtre en portant sur ses bras l'enfant divin, tandis que la Vierge, avec une sollicitude toute maternelle, essaye de cacher la petite main de son fils, et que, près d'elle, saint Joseph, qui l'accompagne, porte les tourterelles symboliques.

Les figures sont belles et ne manquent pas d'expression; mais déjà Giotto a passé par le chemin que suit Ange Gaddi, il l'a rendu difficile à l'endroit de ses successeurs.

Cependant il est juste de dire qu'il y a, dans tout l'ensemble de la composition, un sentiment religieux qui fait passer sur les défauts du tableau, et le met au rang des œuvres remarquables du milieu du XIVe siècle.

Parmi les autres grands tableaux de Gaddi, il faut citer *l'Adoration des bergers*.

« Or, il arriva, en ces jours-là, qu'un édit fut publié de la part de César Auguste, portant que tout le monde fût enregistré.

» Ainsi tous allaient, pour être mis par écrit, chacun dans sa ville.

« Et Joseph monta aussi de Galilée en Judée, savoir de la ville de Nazareth en la cité de David appelée Bethléem, à cause qu'il était de la maison et de la famille de David,

» Pour être enregistré avec Marie, la femme qui lui avait été fiancée, laquelle était enceinte.

» Et il arriva, comme ils étaient là, que son terme pour accoucher fut accompli.

» Et elle mit au monde son fils premier-né, et l'emmaillotta et le coucha dans une crèche, à cause qu'il n'y avait pas de place pour eux dans l'hôtellerie.

» Or, il y avait, dans ces quartiers-là, des bergers couchant aux champs et gardant leurs troupeaux dans les veilles de la nuit.

» Et voici que l'ange du Seigneur survint vers eux, et la clarté du Seigneur resplendit autour d'eux, et ils furent saisis d'une fort grande peur.

» Mais l'ange leur dit :

« N'ayez point peur ; je vous annonce un grand sujet » de joie qui sera tel pour tout le peuple.

» C'est qu'aujourd'hui, dans la cité de David, vous » est né le Sauveur, qui est le Christ, le Seigneur.

» Et voici la marque à laquelle vous le reconnaîtrez : » c'est que vous trouverez le petit enfant emmaillotté » et couché dans une crèche. »

» Et aussitôt, avec l'ange, on entendit toute l'armée céleste louant Dieu et disant :

« Gloire soit à Dieu dans les lieux très-hauts ! Que » la paix soit sur la terre et la bonne volonté dans les » hommes ! »

» Et il arriva que les bergers dirent entre eux :

« Allons donc jusqu'à Bethléem, et voyons cette
» chose qui est arrivée et que le Seigneur nous a dé-
» couverte. »

» Et ils allèrent donc à grande hâte, et ils trouvèrent
Marie et Joseph, et le petit enfant couché dans une
crèche. »

C'est cette scène, sublime de simplicité sous la plume
de saint Luc, qu'Ange Gaddi a entrepris à son tour de
raconter avec le pinceau.

Deux bergers, conduits par deux anges, sont en adoration devant l'Enfant Jésus, tandis qu'un troisième
ange va réveiller un troisième berger, gardant son
troupeau sur une hauteur.

Ce tableau, peint à la détrempe, appartient entièrement à l'école de Giotto.

Il en est de même de *l'Adoration des mages* que
Gaddi peignit ensuite.

Peu de sujets ont été plus souvent répétés par le pinceau que l'adoration des mages ; c'est que, aussi, peu de
sujets offrent un plus merveilleux champ de peinture.

Que faut-il à un grand peintre pour faire un grand
tableau ? L'harmonie dans la composition, les contrastes
dans les personnages, la variété dans les couleurs.

Or, quoi de plus harmonieux, de plus contrastant et
de plus coloré qu'une belle vierge tenant un bel enfant

dans ses bras, ayant derrière elle un grand vieillard calme et simple, tandis qu'à ses pieds trois rois s'inclinent, chargés de présents et accompagnés de leur suite.

Aussi, de Gaddi à Rubens, et de Rubens à nous, combien d'*Adoration des mages!*

Au reste, il ne faut pas confondre Ange Gaddi avec Taddée Gaddi. On ne trouverait pas, dans le cœur du second, la même croyance que dans celui du premier, de même qu'on ne trouverait pas, dans le fils, le talent du père. Taddée Gaddi était un homme d'art, Ange Gaddi était un homme d'argent.

Un tableau d'Ange Gaddi n'en est pas moins, de nos jours, une chose extrêmement précieuse pour l'histoire de la peinture.

JEAN HOLBEIN

Jean Holbein, fils d'un peintre assez médiocre, naquit à Bâle en 1498. Ce fut son père qui lui donna les premières leçons; mais il eut bien vite dépassé son maître. Sa jeunesse s'écoula sans incident extraordinaire, sans aventures exceptionnelles : jeunesse d'artiste, absorbée par l'étude, sanctifiée par la persévérance ; jeunesse d'homme qui avait la conscience de sa force dans le présent, de sa gloire dans l'avenir, et qui se fit tout seul ce qu'il devint, c'est-à-dire un des plus grands peintres qui aient existé.

Cependant, comme presque tous ceux dont les nobles aspirations ne sont pas aidées par leur état de fortune, Holbein eut à subir bien des épreuves, à supporter bien des misères, et le futur favori d'un roi dut plus d'une fois, du moins s'il faut en croire certaines chroniques, s'abaisser à peindre des devantures de boutique et des enseignes.

Un jour qu'il peignait l'enseigne d'un apothicaire, voici, dit-on, ce qui lui arriva :

Il était quelque peu buveur, et souvent il laissait là le travail commencé pour aller se rafraîchir au cabaret. L'apothicaire, qui connaissait cette habitude d'Holbein, — que ne connaissent pas les apothicaires!— avait défendu à notre peintre, sous peine de n'être pas payé, de descendre de son échafaudage avant que l'enseigne fût achevée, et, pour plus grande sûreté, il sortait de temps en temps de sa boutique afin de s'assurer si l'artiste était toujours à l'œuvre.

Dans la position où se trouvait Holbein, on ne pouvait, d'en bas, apercevoir que ses deux jambes; mais c'était assez pour le brave apothicaire, qui supposait, avec raison, que le peintre pourrait difficilement aller au cabaret sans ses jambes. Alors Holbein, que cette surveillance continue ne faisait qu'altérer davantage, eut l'idée de peindre lesdites jambes sur le mur en façon de trompe-l'œil; ce qu'il fit avec tant de succès, qu'à moins de les toucher, il eût été impossible de les reconnaitre pour fausses. Puis il alla tranquillement s'asseoir au cabaret voisin.

On peut croire ou non cette aventure, qu'on raconte encore à Bâle, et qui n'est pas plus invraisemblable

que bien d'autres dont on se plaît à charger la mémoire
des grands hommes ; mais ce qu'il y a de certain, c'est
qu'au milieu de tout cela, Holbein faisait des études
sérieuses et suivies.

Les premiers tableaux qu'il exécuta furent dissémi-
nés, vendus ou donnés à des étrangers, et l'on ignore
ce qu'ils sont devenus. Il en est trop souvent ainsi pour
les peintres ; de sorte que, lorsqu'on veut reconstruire
la vie d'un artiste, relever pour la postérité cet édifice
de gloire, il est rare que l'on puisse retrouver les premières assises posées par son génie. L'histoire y perd
quelquefois les choses les plus curieuses de l'existence d'un grand homme, ses premiers essais, ses
premières ébauches, cette première forme qu'il a donnée à ses rêves ; elle est forcée de prendre son héros
tout couronné, mais aussi de ne le montrer qu'en
buste.

Or, l'historien ne doit pas, suivant nous, borner sa
tâche à placer sur un piédestal une figure de bronze
ou de marbre ; il lui faut encore expliquer cette figure,
l'animer, la faire revivre pour ainsi dire, par tous les
détails intimes que lui ont procurés ses recherches, ou
que la tradition peut avoir conservés. Combien de fois,
lorsqu'après avoir fait connaître l'artiste, il veut faire
connaître l'homme, lorsqu'après avoir raconté ce qui
appartient au public, il veut soulever un coin du voile

qui cache l'existence intérieure de cet homme, combien de fois, disons-nous, sous la couronne qui ceint le front glorieux, ne découvre-t-il pas quelque plaie secrète ! combien de fois ne voit-il pas, à côté de cette existence de poëte ou de peintre, qui doit être faite de pensées, de rêves, de calme et de solitude, quelque autre existence que la fatalité a jetée au milieu de ses pensées, de ses rêves, de son calme et de sa solitude pour empoisonner sa vie et peut-être gêner l'essor de son génie !

Tel fut, malheureusement, le sort réservé à Holbein.

Il avait épousé une femme qu'il aimait, dans laquelle, sans doute, il avait cru trouver l'idéal que poursuivent si avidement tous les artistes, et cette femme, au lieu d'être l'ange de la maison du peintre, en devint le démon, et lui, qui, comme tous les hommes forts par le talent, était faible par le cœur, se courbait passivement sous le joug odieux que lui imposait cette mégère.

Pourtant, le ciel mit un jour sur sa route un saint homme, un ami qui, en lui montrant la gloire dans l'avenir, lui faisait oublier les misères du présent. Holbein s'était lié avec Érasme, à l'époque où celui-ci vint à Bâle, et souvent tous deux, seuls dans l'atelier du peintre, s'entretenaient de ces grandes idées qui fortifient l'âme, et, quand Holbein rentrait dans sa vie intérieure, si sa blessure n'était pas guérie, au moins la sentait-il moins cuisante.

Érasme avait beaucoup étudié, beaucoup vu, beaucoup souffert. A dix-sept ans, ruiné par ses tuteurs, il était entré au monastère de Stein ; puis il était passé en Angleterre, où il était devenu l'ami de Thomas Morus et d'Henri VIII, alors prince de Galles. De là, il avait été à Bologne étudier la théologie ; mais, pendant la peste de 1516, pris pour le médecin des pestiférés, il avait été poursuivi à coups de pierre par la populace et avait couru risque de la vie. Il s'était réfugié à Venise, avait vu ensuite Padoue et Rome, puis était retourné en Angleterre et enfin était venu à Bâle, où il avait fait la connaissance d'Holbein.

Comprenant tout de suite ce que le peintre souffrait, Érasme avait résolu de lui faire quitter sa patrie, et, un jour qu'il posait pour son portrait, il demanda à Holbein pourquoi il ne voyageait pas.

— Où voulez-vous que j'aille? lui répondit l'artiste. Toute ma famille, toutes mes affections sont à Bâle. Je ne suis pas heureux, c'est vrai ; mais on s'habitue à la douleur, et à présent j'y suis à peu près fait. Du reste, il faudrait que mon voyage eût un but, que je fusse sûr au moins de trouver autre part plus de bonheur que je n'en ai ici.

— Mais, avec le talent que vous avez, avec les recommandations que je pourrais vous donner, moi, pourquoi n'iriez-vous pas en Angleterre ? Vous y trouveriez un puissant protecteur, Thomas Morus, mon ami, le ministre de Henri VIII. Partez seul ; vous aurez l'indépendance qui fera votre bonheur, le travail qui fera votre gloire. Ici, toutes ces douleurs domestiques, toutes ces souffrances quotidiennes, vous fatiguent, vous tuent. Tôt ou tard, votre génie finira par se ressentir de ces tourments du cœur. Croyez-moi, partez !

Il n'était pas difficile de convaincre Holbein, qui sentait bien qu'Érasme avait raison ; mais il lui fallait prendre une résolution pour rompre cette chaîne pesante, et, malheureusement, les hommes de génie n'ont que la volonté de leur imagination et de leur art ; et ceux qui exercent sur la foule le pouvoir de l'intelligence, sont souvent eux-mêmes les esclaves de quelque être nul ou méchant.

Cependant le portrait d'Érasme s'acheva ; Holbein se laissa persuader tout à fait et partit, emportant pour Thomas Morus des lettres et le portrait de son ami.

Alors Holbein entra véritablement dans une vie nouvelle, vie d'artiste, libre, joyeuse, errante ; alors, comme le prisonnier qu'on libère, il marchait heureux, le cœur dégagé, avec l'espace et l'avenir devant lui, n'ayant plus d'autre souci que sa gloire, d'autre rêve qu'un grand nom, d'autre pensée que l'art.

Il arriva à Londres, Thomas Morus le reçut d'abord comme on reçoit un homme illustre, puis, bientôt, comme on reçoit un ami. Trois ans, il le garda près de lui, le faisant travailler dans un seul but, sans doute; car, un jour, il donna une fête à Henri VIII, en lui promettant des merveilles; puis, lorsque le roi fut arrivé, Morus lui montra tous les tableaux qu'Holbein avait peints depuis trois ans; et, comme Henri admirait ces chefs-d'œuvre, il le pria, de vouloir bien en accepter l'hommage.

Henri VIII était comme sont tous les rois, comme fut Louis XIV vis-à-vis de Fouquet, jaloux qu'un homme, dans son royaume, possédât une gloire qui ne dépendait pas de lui, sachant bien qu'il ne faut souvent qu'un grand artiste pour faire rayonner toute une époque. Aussi voulut-il avoir Holbein à son service; Morus le lui présenta. Henri VIII demanda au protégé d'Érasme s'il trouvait l'Angleterre assez poétique et assez hospitalière pour vouloir rester auprès de son roi et devenir peintre en titre de la cour; et, quand Holbein eut accepté, il se tourna vers Thomas Morus, en lui disant :

— Vous pouvez garder les tableaux que vous venez de m'offrir, puisque désormais j'aurai l'auteur.

C'est, pour ainsi dire, de cet instant même que date l'amitié plutôt que la protection qu'Henri VIII accorda à Holbein, amitié d'artiste à artiste, de majesté à majesté, du roi qui comprend qu'il doit autant au peintre qui lui donne ses œuvres que le peintre doit au roi dont il est l'hôte.

Cette amitié se manifesta dans plusieurs circonstances, et surtout à propos d'une aventure assez bizarre qu'Holbein eût avec un gentilhomme anglais.

Holbein avait, comme tous les peintres, comme tous les poètes, ce qu'on pourrait appeler la pudeur du travail, la coquetterie du talent : il lui répugnait de travailler devant des témoins, et surtout devant des indifférents. Or, un jour, certain comte qui était assez incrédule et qui, comme saint Thomas, voulait toucher pour croire, se présenta à la porte de l'atelier d'Holbein. Celui-ci s'excusa avec toute la politesse possible, disant qu'il ne pouvait travailler devant personne, et que, du reste, il y avait à Londres des choses bien autrement amusantes que de voir un peintre brosser un tableau. Malheureusement, le grand seigneur était aussi insolent que notre artiste était poli, et trop infatué de son rang et de son nom pour croire que, quand les portes des plus nobles et des plus grandes maisons s'ouvraient devant lui, un peintre pût avoir l'audace de lui fermer la sienne. Mais l'artiste ne se laissa point intimider et persista résolûment dans son refus ; si bien qu'il en résulta une querelle assez vive, à laquelle Hol-

bein, qui était pressé de se remettre au grand portrait
de Henri VIII qu'il venait de commencer, mit fin en
jetant le comte du haut en bas de l'escalier ; après quoi,
il rentra dans son appartement comme Achille dans sa
tente. Mais, toute réflexion faite, il pensa que le grand
seigneur, par suite de sa chute aventureuse, devait être
aussi fortement blessé au moral qu'au physique ; que ce
même grand seigneur avait autour de lui des amis
puissants et des domestiques nombreux, tandis que lui,
Holbein, était seul avec sa palette et ses pinceaux ; ce
qui rendait la lutte par trop inégale. Il aima donc
mieux prévenir le coup que de l'attendre, et il alla se
jeter aux pieds d'Henri VIII, lui demander sa grâce,
sans toutefois lui expliquer son crime, se doutant bien
qu'il l'obtiendrait difficilement s'il commençait par
avouer à Sa Majesté qu'il avait détérioré sa noblesse.

Puis, quand le roi lui eût pardonné une faute dont
il ignorait la nature, Holbein, confiant dans la parole
d'Henri VIII, lui dit en quoi consistait cette faute.

— Ainsi, le comte voulait entrer malgré vous ? demanda le roi.

— Oui, sire.

— Et quelle raison donnait-il ?

— Son nom.

— Par exemple !... Et que lui répondiez-vous ?

— Le vôtre, sire, dont je me faisais une protection.

— Et il a insisté ?

— Oui, sire.

— Et alors?...

— Alors, comme j'étais pressé de travailler au portrait du roi, que la discussion m'avait forcé d'interrompre, j'ai repoussé le comte, et je lui ai fait descendre un peu trop vite la rampe de l'escalier...

— Mais il n'est pas tué ?

— Oh ! non, sire... Pourtant, ce doit être, à l'heure qu'il est, un noble bien endommagé...

En ce moment, on vint annoncer au roi qu'un gentilhomme blessé et meurtri avait une plainte à exposer devant lui.

Henri pria Holbein de ne pas sortir que l'affaire ne fût terminée, et fit entrer ou plutôt apporter le malheureux lord.

Celui-ci, aussitôt en présence du roi, se mit à exposer ses griefs avec une telle vivacité et une telle hauteur, qu'Henri VIII ne tarda pas à perdre patience.

— Assez, monsieur ! s'écria-t-il. Je vous défends sur votre vie d'attenter à celle de mon peintre. La différence entre vous deux est trop grande ! De sept paysans, je puis faire sept comtes comme vous, et de sept comtes comme vous, je ne saurais faire un Holbein. Maintenant, oubliez cette aventure, et je consens à oublier ce que vous m'avez dit.

Le comte fut bien forcé de se courber sous la volonté royale; il promit de ne tirer aucune vengeance d'Holbein, comprenant que ce serait folie de vouloir lutter contre un homme si puissamment protégé.

Holbein, sûr désormais de l'affection du roi, ne s'occupa plus que de la conserver. Il se remit donc à l'œuvre, et, au bout de quelque temps, eut fini ce beau portrait en pied d'Henri VIII, qu'il a copié plusieurs fois. L'original fut placé au palais de Whitehall, avec ceux du prince Édouard et des princesses Marie et Élisabeth.

Henri VIII venait souvent voir l'artiste dans son atelier, et causer avec lui pendant qu'il travaillait. Pour le roi, la consigne était levée, et Holbein n'avait aucune répugnance à travailler devant lui. Plus d'une fois, sans doute, quand ils étaient seuls, le roi ramassa le pinceau du peintre, comme Charles-Quint celui du Titien.

Après le portrait d'Henri VIII, Holbein fit naturellement tous ceux des grands et des dames de la cour, mais nous ignorons si, dans ce nombre, se trouvait celui du comte qu'il avait si mal reçu.

Vers le même temps, il exécuta encore deux autres tableaux : *le Triomphe de la Richesse* et *la Récompense de la Pauvreté*, qui semblent avoir été faits pour des plafonds. Dans ces deux toiles se révèlent véritablement toute l'habileté d'exécution du peintre et tout le génie du poëte.

Un riche amateur de Londres, André de Loo, rechercha tout ce qu'il put trouver des ouvrages d'Holbein et s'en forma un cabinet. Il avait ce beau portrait de maître Nicolas Lallemand, astronome du roi ; celui de M. Cromwell, habillé en docteur ; celui d'Érasme et celui de l'archevêque de Cantorbéry ; une grande composition à la détrempe, qui renfermait les portraits de Thomas Morus, de sa femme et de ses enfants. Après la mort d'André de Loo, ce tableau, un des plus beaux d'Holbein, fut acheté par le neveu de Thomas Morus.

Il y avait autrefois à Amsterdam une fort belle toile d'Holbein représentant une reine d'Angleterre, dont le vêtement, de drap d'argent, était admirable de brillant et de vérité.

Florence avait aussi quatre portraits de lui : Luther, Morus, Richard Southewal et enfin Holbein lui-même.

Dans le musée de Dusseldorf, on voit une *Femme en bacchante*, un *Paysage* et le portrait d'un personnage inconnu. On a encore d'Holbein le portrait de Jeanne de Cléves, un *Homme tenant une tête de mort*, *le Sacrifice d'Abraham*, le portrait d'une femme habillée de noir, et le portrait d'un négociant, Georges Gisein.

A Bâle, sa patrie, on conserve *la Danse des Paysans* ; *la Passion du Seigneur*, en huit compartiments, le portrait du père d'Holbein ; un grand *Christ mort ;* le portrait d'une femme qu'Holbein a peinte une seconde fois en courtisane, parce qu'elle avait refusé de lui payer le prix convenu pour le premier portrait, vengeance d'artiste à laquelle on doit un petit chef-d'œuvre de plus ; enfin, sur les murs du cimetière de Saint-Pierre, se voyait autrefois la célèbre *Danse des morts.*

Cette dernière composition, attribuée à Holbein dans sa patrie même, lui est contestée par quelques savants.

— Les savants contestent toujours ! — En tout cas, comme l'auteur inconnu appartient évidemment à l'école d'Holbein, comme l'œuvre est de l'époque où Holbein habitait Bâle, et que, puisqu'on la lui conteste, c'est qu'il y a des raisons pour qu'elle soit de lui, nous aimons mieux la lui laisser jusqu'à ce que l'auteur anonyme se fasse connaître, et nous allons emprunter à l'une des mille copies qui en ont été faites, la description de cette *Danse des morts,* copie dont nous reproduirons les explications simples et naïves.

La Danse des morts fut retouchée, en 1568, par Klauber ; puis en 1616, en 1658, en 1703, et elle fut enfin détruite en 1805.

Le premier groupe représente un prédicateur avertissant lès hommes de toutes les conditions, qu'un jour sonnera l'heure du jugement. Voici la traduction, ou, si vous voulez, le commentaire que nous donne la copie :

II.   17

Lorsqu'au son de la trompe un ange de lumière
Fera sortir les morts du sombre monument,
   Ceux qui dorment dans la poussière,
   Reprenant leur vigueur première,
Viendront tous devant Dieu paraître au jugement.

Le pécheur endurci, qui, vivant dans le crime,
Se rendit du démon l'esclave et la victime,
   Ainsi qu'un enfant criminel
   Ira dans le feu de l'abîme
   Subir un supplice éternel.

   Mais heureux le sort du fidèle !
Absous de ses péchés, affranchi de tous maux,
Il ira recueillir, dans la gloire éternelle,
Les doux fruits de la foi, le prix de ses travaux.

On remarque sur le devant un cardinal et un évêque
qui ne paraissent pas trop rassurés et qui aimeraient
peut-être mieux autre chose que cette prophétie à
la Daniel.

Le second groupe, c'est la Mort qui avertit les spec-
tateurs de ce qu'ils deviendront, en leur montrant derrière elle une espèce de grande niche pleine de sque-
lettes. Elle tient un tambourin, et à côté d'elle est une
autre Mort qui tient une flûte. Toutes deux ont l'air
d'appeler la foule comme les acrobates dans une
foire.

   Toi qui contemples ce tableau,
Reconnais la laideur de la faible nature :
   Telle, un jour, sera ta figure,
Fusses-tu des mortels aujourd'hui le plus beau !

Alors commence la danse des morts : le premier que
le terrible squelette emmène est un pape, qui ne parait
pas très-enchanté de cette préférence ; mais la Mort lui
fait comprendre qu'elle devait bien cela à son rang, et
que, comme c'est lui qui tient les clefs du paradis, la
justice veut qu'il se l'ouvre le premier.

> Sans trop de compliments, sans vous baiser la mule,
> Je viens vous ordonner, grand pape, de partir.
> Il n'est ni dispense ni bulle
> Qui puisse de ma main jamais vous garantir.
> Sachant qu'à vous, saint-père, on doit la préférence,
> A votre primauté je ne ferai point tort ;
> Je veux que, le premier, vous fassiez une danse
> Au son du tambour de la Mort.

Ensuite la camarde emmène un empereur, qui ne
semble guère plus satisfait que celui qui est parti devant
pour ouvrir la route. Et, tout en jouant de la flûte et le
retenant bien pour qu'il ne lui échappe pas, la Mort
lui dit :

> Quitte, puissant César, le sceptre et la couronne,
> Et tout l'éclat qui t'environne,
> Tes grandeurs d'ici-bas dont l'homme est ébloui ;
> Je ne respecte pas la pompe,
> Et je veux qu'au son de ma trompe
> Tu viennes danser aujourd'hui.

Plus loin, la Mort a affaire à une femme. C'est sans
doute pour cela qu'elle est plus décemment vêtue.

> Et vous, auguste impératrice,
> Venez faire à la Mort le triste sacrifice
> De tout ce qu'à vos yeux le monde a de plus cher.
> Je n'ai point égard à vos charmes,
> Je suis insensible à vos larmes.
> Donnez la main, il faut marcher.

Puis elle continue à suivre respectueusement la hiérarchie des puissances, observant ce qu'on doit aux positions, la flatteuse qu'elle est! se coiffant toujours de quelque chose qui ait rapport au patient qu'elle entraîne, depuis la mitre de l'évêque jusqu'au bonnet du bouffon; toujours railleuse ou terrible, prenant la figure d'un damné qu'un serpent ronge quand elle fait danser un roi ou un empereur, prenant le corps décharné d'une vieille femme à la gorge flétrie, aux membres secs, quand elle emmène une jeune fille qui ne sait que plaisir et amour.

Ainsi, après l'impératrice, vient le roi, que la Mort traite comme les autres; puis la reine, et autour de son cou s'enroule une vipère en guise de collier; puis un cardinal, et, cette fois, elle a, comme nous le disions, un serpent qui lui ronge le ventre, emblème des désirs qui, pendant sa vie, ont rongé le cœur de celui qui avait fait vœu d'abstinence. Elle arrive à lui gaie et railleuse en lui disant :

> Ah ! je vous tiens, belle Éminence !
> Il faut danser, point de dispense.

Ici, votre refus serait fort déplacé ;
    Aujourd'hui, votre pompe tombe
Et l'on entonnera demain, sur votre tombe,
    Un *Requiescat in pace.*

Puis vient l'évêque, qu'elle conduit sans miséricorde malgré la crosse et la mitre. Puis elle passe de la grandeur spirituelle à la grandeur temporelle, de l'évêque au duc. Cette fois, elle semble avoir encore moins de respect que quand il s'agissait de ceux qui tiennent leur loi de Dieu ; elle ne marche plus à côté d'eux, elle les entraîne en courant ; elle n'est plus railleuse, elle devient terrible.

La duchesse suit son époux, comme doit le faire toute femme obéissante. — Viennent ensuite le comte, l'abbé, tous moins résignés les uns que les autres.

Après quoi, elle arrive au chevalier. Sans doute elle a pensé qu'elle aurait fort à faire, car elle est couverte d'une armure, en assez mauvais état, du reste, et qui semble servir depuis longtemps. Elle s'est emparée de sa large épée, et elle dit au chevalier en lui passant le pied entre les jambes :

Pour le coup, chevalier, pends tes armes au croc ;
    Tu n'entends rien à cette guerre.
La Mort, en t'assaillant et de pointe et d'estoc,
    Te va bientôt coucher par terre.
    Déjà c'en est fait de l'armet,
    Elle a saisi ton cimeterre,

17.

Et, malgré ta bravoure, à ses lois te soumet.
Un croc-en-jambe achèvera l'affaire.

Ensuite elle veut arrêter le jurisconsulte, et son ordre est bien en règle ; elle lui prouve qu'elle est parfaitement dans son droit, comme le loup le prouve à l'agneau, en lui disant, pour dernière conclusion, qu'elle est la plus forte. Après avoir conduit le sévère magistrat au pied du dernier tribunal, elle revient prendre un gros chanoine ; et au chanoine, qui a mission de sauver l'âme, succède le médecin, chargé de guérir le corps. Mais celui-ci paraît avoir bien des morts à se reprocher ; car il recule tant soit peu devant la route qu'il a fait suivre à d'autres. La Mort est encore plus insensible à ses plaintes qu'elle ne l'a été à celles de ses prédécesseurs, et elle va droit son chemin, sans s'inquiéter de sa résistance, et se contente de lui donner ce dernier avis :

Disciple d'Hippocrate, Esculape nouveau,
Toi qui contre la mort inventas cent remèdes,
Il faut enfin que tu lui cèdes.
Elle va, de ce pas, te conduire au tombeau.
Apprends que de ton art la docte expérience
N'est que trop sujette au hasard ,
Et que, malgré tes soins, tes drogues, ta science,
Il faut toujours mourir, ou plus tôt, ou plus tard!

Maintenant, c'est un gentilhomme qu'elle tire, et il faut avouer qu'elle tire vigoureusement des deux bras,

sans respect pour son nom, sans réserve pour son rang ;
elle lui dit cette vieille maxime, qui a été répétée tant
de fois :

> Sachez qu'un gentilhomme, ainsi que le vulgaire,
> Doit par le même sort quitter cet univers,
> Avoir un même ciel ou les mêmes enfers,
>   Être mis dans la même terre
>   Et rongé par les mêmes vers.

Ici, c'est une femme qui tient un miroir et que la
Mort entraîne sans pouvoir lui faire détourner les yeux
de la glace ou elle se mire ; elle lui dit ce que Hamlet
dit en tenant le crâne d'Yorik, sentence que le poëte
a empruntée au peintre :

> Voyez cette beauté dans sa faiblesse extrême,
>   Lorsqu'amoureuse d'elle-même
>   Et sans se lasser de se voir,
> Elle va consulter cette glace fidèle,
>   Afin d'obliger son miroir
> A lui dire cent fois qu'elle est aimable et belle :
> Je n'ai qu'à me montrer pour la remplir d'effroi :
> D'abord son sang se glace et ses roses pâlissent,
>   Ses yeux s'enfoncent, s'obscurcissent,
>   Elle devient semblable à moi.

Il faut cependant s'arrêter de temps en temps pour
reconnaître, au milieu de ce burlesque terrible, de cette
bouffonnerie railleuse, de cette simplicité de forme, de
cette naïveté d'expressions, une vérité étonnante, une
poésie admirable ; cette tête de mort qui n'est jamais la

même, qui, selon sa victime, devient ironique ou ven-
geresse, cette bouche qui tantôt rit et tantôt grince, ces
yeux creux, tantôt ternes, tantôt flamboyants, tout cela,
jusqu'au costume burlesque que la Mort prend vis-à-vis
de quelques-uns des trépassés, tout cela, disons-nous,
est empreint de cette belle poésie allemande si puissante
et si vraie.

A chaque groupe, la physionomie de la Mort est bien
celle de la déité fatale qui n'a ni oreilles pour vous entendre, ni cœur pour vous plaindre, qui oublie ceux
qui l'appellent pour aller à ceux qui ne l'attendent pas,
dont la main osseuse veut des fleurs à effeuiller, d'heu-
reuses et belles existences à détruire, des cœurs jeunes
et aimants à dessécher, et qui, comme dans le tableau,
passe sans les écouter sur les souffrants qui pleurent
pour aller frapper de toute sa force à la porte des heureux qui chantent.

Après la femme vient le marchand, dont la Mort
prend les balances et l'argent ; puis la nonne, qui marche plus résignée que les autres, les yeux portés vers
la terre, qui sera sa tombe, et les mains croisées sur
son cœur, où Dieu mit la foi.

Ensuite, la Mort, qui s'est faite boiteuse, soutient un
boiteux, lequel l'accueille comme une amie, et, de lui,
elle passe à un ermite.

Cette fois, elle s'est attachée au ventre une lanterne

allumée, sur laquelle elle frappe avec deux os comme
sur un tambour.

> Voici le noir flambeau qui consume le monde ;
> Il n'est point d'habitant sur la terre et sur l'onde
>   Qui puisse en soutenir l'ardeur ;
>   Je suis l'ange exterminateur.
> Si chez les potentats il n'est point de barrière
>   Capable d'arrêter mes pas,
> Qui pourra garantir de ma main sanguinaire
>   Le pauvre frère Nicolas ?

Là, c'est un jeune homme qu'elle arrache à la vie
malgré ses larmes et son repentir, sa jeunesse et son
bonheur. A côté, c'est un usurier qu'elle étrangle malgré son or et à qui elle dit :

> Je vais de cette main t'apprendre à lâcher prise ;
> Mais, avant qu'au tombeau ton corps soit étendu,
>   Fais-y graver pour ta devise :
>   « En trop gagnant, j'ai tout perdu ! »

Plus loin, elle pousse une jeune fille par les épaules ;
elle y met tous les sarcasmes de l'ironie, toute la volonté de la vengeance.

Après la jeune fille, c'est un musicien qu'elle conduit en lui jouant du violon ; puis un héraut, puis un
maire, puis un bourreau ; et toujours cette même tête
ironique, cette même physionomie moqueuse.

La voici maintenant qui court en faisant d'une main
sonner des grelots et tenant de l'autre un bouffon ; et

la danse continue, inexorable et éternelle, tantôt avec
un mercier à qui la Mort prend sa marchandise, ou
avec un aveugle à qui elle coupe la laisse de son chien;
tantôt avec un juif dont elle tire la barbe et auquel
elle conseille, pour son bien éternel, de reconnaître
Jésus comme roi de Sion, ou enfin avec un gros et
gras cuisinier, bien rebondi, bien joufflu, qu'elle semble emmener avec satisfaction, et dont elle énumère
les qualités comme des raisons de sa mort :

> Voici Mignot, en son vivant,
> Petit ivrogne et gros gourmand ;
> Il paraît que le camarade
> N'est ni trop vieux, ni bien malade ;
> Il est gras et dodu ; bref, il est ragoûtant.
> Je vais essayer à l'instant
> De le mettre en capilotade ;
> Un tel mets pour les vers ne sera pas trop fade,
> Quoique sans assaisonnement ;
> Je gage qu'à leur goût il sera si friand,
> Qu'ils le mangeront sans salade.

Après le cuisinier, elle entraîne un pauvre paysan,
et lui dit la fable de la Fontaine : *la Mort et le Paysan.*
Le paysan du peintre ne paraît guère plus décidé que
celui du poëte.

Puis enfin Holbein, ou l'auteur inconnu, fait clore
la danse par le personnage du peintre; il s'est naturellement réservé le plus beau rôle. On sait que la modestie n'est pas la qualité dominante des grands ar-

tistes. Et, quand la Mort vient l'avertir qu'il faut faire comme les autres, qu'il faut jeter sa palette et ses pinceaux et la suivre, l'artiste lui répond avec calme :

> Sachant que toute créature,
> Esclave de la vanité,
> N'est aux yeux du Seigneur qu'une ombre, une peinture,
> A peu près sans réalité,
> Je suis plus que content de changer de nature,
> De passer par la pourriture
> Pour jouir dans l'éternité
> De la félicité future.
> Viens, divin ouvrier, graver sur mon visage
> Les traits vivants de son image,
> Et me rendre un portrait de la Divinité.

Enfin, la Mort fait suivre le mari par la femme, qui est aussi calme et aussi résignée que lui. Ainsi finit cette danse des morts, qui, commençant par le pape, finit par le peintre, et qui comprend, entre ces deux hommes, tous les rangs et toutes les positions sociales, depuis le roi jusqu'au paysan, depuis l'empereur jusqu'au cuisinier. — Le peintre a oublié le poëte ; c'est peut-être sous le prétexte que la poésie n'est qu'une peinture :

Ut pictura poesis.

Frédéric Zucchero, qui se trouvait à Londres en 1574, longtemps après la mort d'Holbein, arrivée en

1554, éleva le mérite du peintre jusqu'à l'égaler à Raphaël.

Quoique l'exagération soit un peu forte, il faut cependant reconnaître à Holbein les qualités essentielles qui font un grand peintre : toute l'habileté de l'exécution, toute la poésie de la pensée, toute la connaissance de la couleur.

Outre les tableaux que nous avons cités, Holbein a fait plusieurs ouvrages pour les graveurs, les orfévres et les antiquaires. Il peignait de la main gauche, et dessinait à la pointe d'argent et à la plume. Il dut le talent de peindre à la gouache à un artiste habile, nommé Luca, dont il fit la connaissance à Londres, mais qu'il eut bien vite dépassé.

Enfin, en 1554, comme nous l'avons dit plus haut, il mourut à Londres de la peste (1).

(1) Voir le volume intitulé *Trois Maîtres*, pour la biographie de Michel-Ange, de Titien et de Raphaël.

FIN

TABLE

Coulommiers — Imprimerie de A. MOUSSIN.

9 782329 424569